Zahlungsverkehrssymposium der Deutschen Bundesbank 2017

Inhalt

Carl-Ludwig Thiele
Vorwort 4

Zahlungsverkehrssymposium 2017
Ein Überblick 7
Zusammenfassungen der Beiträge 15

Dr. Jens Weidmann
Eröffnung des Bundesbank-Symposiums "Zahlungsverkehr und
Wertpapierabwicklung in Deutschland im Jahr 2017" 25

Carl-Ludwig Thiele
Zahlungsverkehr und Wertpapierabwicklung
– Herausforderungen aus Sicht der Bundesbank 41

Yves Mersch
Der europäische Zahlungsverkehr im Umbruch 55

Dr. Andreas Martin
Mobiles Bezahlen in Deutschland – Zukunft oder Illusion? 67

Dr. Joachim Schmalzl
Digital(er) werden – bewährtes Geschäftsmodell erhalten! 77

Prof. Dr. Hans Ulrich Buhl
Blockchain-Technologie als Schlüssel für die Zukunft? 91

Inhalt

Zusammenfassungen der Paneldiskussionen

SEPA 2.0 – Wie schaffen wir den Binnenmarkt für digitales
Bezahlen in Europa? 109

T2S – erste Erfahrungen des deutschen Marktes 112

Wie sieht die europäische Abwicklungsinfrastruktur in
10 Jahren aus? 117

Programm Zahlungsverkehrssymposium 2017 124

Impressum 128

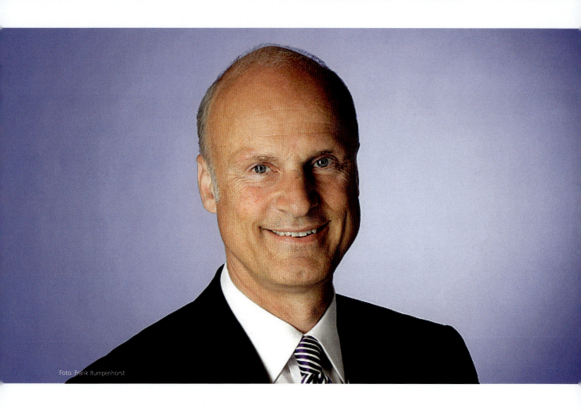
Foto: Frank Rumpenhorst

Carl-Ludwig Thiele
Vorwort

Sehr geehrte Leserinnen und Leser,

die zunehmende Digitalisierung in allen Lebensbereichen führt auch zu tiefgreifenden Veränderungen im Zahlungsverkehr und der Wertpapierabwicklung. Wie sich dies auf die Infrastrukturen von Zentralbanken und auf das Produktangebot in der Branche auswirkt, stand im Fokus des achten Zahlungsverkehrssymposiums der Deutschen Bundesbank am 18. Mai 2017. Rund 250 Experten aus der Finanz- und Kreditwirtschaft waren der Einladung der Bundesbank nach Frankfurt am Main gefolgt und nutzten die Gelegenheit, um über aktuelle Themen, Innovationen und Trends in der Branche zu diskutieren.

Die Weiterentwicklung der Eurosystem-Marktinfrastrukturen bildete einen Schwerpunkt des diesjährigen Symposiums. Zur Beschleunigung des Zahlungsverkehrs wird das Eurosystem mit TARGET Instant Payment Settlement (TIPS) ab November 2018 ein eigenes Angebot für die Abwicklung von Zahlungen in Echtzeit innerhalb von TARGET2 schaffen. Gemeinsam mit der Konsolidierung von TARGET2 und TARGET2-Securities (T2S) ist TIPS Teil der „Vision 2020" zur Weiterentwicklung der Eurosystem-Marktinfrastrukturen. Zur Einführung von T2S und zur Migration des deutschen Marktes im Februar dieses Jahres haben die Teilnehmer des Symposiums eine äußerst positive Rückmeldung gegeben.

Das Zahlungsverkehrssymposium stellt auch ein Forum dar, um Trends nachzuspüren und diese einzuordnen. Deshalb hat es mich gefreut, dass wir uns mit der Blockchain-Technologie und damit verbundenen Chancen und möglichen Risiken näher beschäftigen konnten. Mit einer Diskussion über Herausforderungen auf dem Weg zu einem Binnenmarkt für digitales Bezahlen in Europa hat sich das Symposium einmal mehr als Plattform für den fachlich-politischen Austausch erwiesen.

Für eine neue Dynamik im Zahlungsverkehr sorgen FinTechs, agile Unternehmen mit Mut und pfiffigen Ideen, die zunehmend herkömmliche Anbieter herausfordern. Als Verbraucher werden wir von dieser Entwicklung zweifelsohne profitieren und können uns in den kommenden Jahren auf attraktive Angebote freuen, die zunehmend in Kooperation mit der Kreditwirtschaft entwickelt werden.

Viel Vergnügen bei der Lektüre der Ergebnisse des Zahlungsverkehrssymposiums 2017 wünscht Ihnen

Ihr

Carl-Ludwig Thiele
Mitglied im Vorstand der Deutschen Bundesbank

Fotos: Frank Rumpenhorst

Zahlungsverkehrssymposium 2017
Ein Überblick

Rund 250 Vertreter der Finanz- und Kreditwirtschaft waren der Einladung der Deutschen Bundesbank zum Zahlungsverkehrssymposium 2017 gefolgt. Das hochkarätig besetzte Symposium bot Entscheidungsträgern aus dem Bereich des Zahlungsverkehrs und der Wertpapierabwicklung die Gelegenheit, aktuelle Themen und zukünftige Entwicklungen im Bereich Zahlungsverkehr und Wertpapierabwicklung untereinander sowie mit Vertretern von Notenbanken und Marktinfrastrukturen zu diskutieren. Das Symposium findet in der Regel alle zwei Jahre in Frankfurt am Main statt.

Im Fokus der diesjährigen Veranstaltung standen die Digitalisierung der Finanzwirtschaft mit ihren Chancen und Herausforderungen für den Zahlungsverkehr und die Wertpapierabwicklung sowie die Weiterentwicklung der Eurosystem-Marktinfrastrukturen und mit ersten Erfahrungen des deutschen Marktes im Zuge der Migration auf die gemeinsame Wertpapierabwicklungsplattform des Eurosystems TARGET2-Securities (T2S).

Den ständigen Wandel, dem Zahlungsverkehr und Wertpapierabwicklung unterworfen sind, hob Bundesbankpräsident Jens Weidmann in seiner Eröffnungsansprache hervor. Mit der Migration des deutschen Marktes auf die Eurosystem-Wertpapierabwicklungsplattform TARGET2-Securities am 6. Februar 2017 habe es erst jüngst einen Quantensprung gegeben, so Weidmann: Liquidität und Sicherheiten könnten nun gepoolt, Liquiditäts- und Sicherheitenpuffer abgebaut werden.

„Weitere Vorteile könnten auch dann entstehen, wenn mit TARGET2 und T2S zwei der weltweit bedeutendsten Marktinfrastrukturen im Zahlungsverkehr und in der Wertpapierabwicklung konsolidiert und auf eine moderne Technik gehoben würden", spielte der Bundesbankpräsident auf Pläne des Eurosystems im Rahmen der Vision 2020 an. Neben Kostengesichtspunkten würde eine integrierte europäische Wertpapierabwicklung einen positiven Beitrag auf dem Weg hin zu einer Europäischen Kapitalmarktunion leisten.

Digitalisierung als Kraft des Wandels

Eine beständige Kraft des Wandels stelle auch die Digitalisierung dar. Es sei Weidmann zufolge unstrittig, dass Innovationen ein wichtiger Treiber für Wachstum und Wohlstand seien. Dies gelte sowohl in der Realwirtschaft als auch in der Finanzwirtschaft. Im Finanzsektor würden mit Innovationen vor allem die sogenannten FinTechs in Zusammenhang gebracht. Dies seien nicht nur die kleinen und wendigen Start-up-Unternehmen, die in großer Zahl Lösungen für Finanzdienstleistungen entwickelten, sondern auch große Softwareschmieden.

FinTechs würden beispielsweise die Schnittstelle zum Privatkunden neu gestalten, alternative Zahlungswege zu den bekannten Zahlungsverfahren bieten und so den Anpassungsdruck erhöhen, dem die Banken ausgesetzt seien. Denn mit neuen Zahlungsverfahren würde die Bank-Kunden-Beziehung unter Umständen lockerer. „Die Banken werden für den Kunden damit stärker austauschbar, der Wettbewerb zwischen den Instituten steigt", konstatierte der Bundesbankpräsident. Das Angebot neuer Zahlungswege allein sei aber noch kein Garant für einen Markterfolg, schränkte Weidmann ein. Der Kunde sei vom Mehrwert einer Innovation nur dann überzeugt, wenn die Zahlung schneller, bequemer, günstiger und sicherer sei.

Cybersicherheit immer wichtigeres Thema

Die Widerstandsfähigkeit der Finanzmarktinfrastrukturen gegenüber Cyberrisiken wird Weidmann zufolge durch die Digitalisierung immer wichtiger. Laut dem Verfassungsschutz verursachten Cyberattacken Schäden in Höhe von 50 Mrd. Euro jährlich alleine für die deutsche Wirtschaft. Das Risiko von Cyberattacken gelte auch für die Infrastrukturen und Anwendungen der europäischen Zentralbanken. „Mittlerweile ist nicht mehr die Frage, ob eine Infrastruktur oder eine Institution Ziel eines Angriffs sein wird, sondern nur noch wann und wie oft", erklärte der Bundesbankpräsident. So sei auch die Bundesbank im vergangenen Jahr auf verschiedenste Weise Angriffen ausgesetzt gewesen, habe diese mit ihren Schutzmechanismen aber bis heute erfolgreich abwehren können.

Angesichts der Gefährdungslage insbesondere in der Finanzbranche seien die laufende Optimierung von zentralen und dezentralen Schutzmechanismen und die Verankerung einer Cybersicherheitskultur von elementarer Bedeutung. „Banken, aber auch Zahlungsverkehrs- und Wertpapierabwickler, müssen ihre IT- und Cyberrisiken mindestens mit der gleichen Sorgfalt steuern wie ihre traditionellen Bankrisiken", forderte Weidmann. Die Verwundbarkeit digitaler Infrastrukturen hätten Bundesregierung und Bundesbank deshalb auch dazu bewogen, Cybersicherheit zu einem Schwerpunkt der deutschen G20-Präsidentschaft zu machen.

Instant Payments bietet Mehrwert für Kunden

Mit der digitalen Revolution, die einerseits neue Möglichkeiten für Zahlungsanbieter schaffe, andererseits aber auch die Erwartungen der Nutzer erhöhe, befasste sich auch Bundesbank-Vorstand Carl-Ludwig Thiele in seiner Begrüßungsrede. Verbraucher, so Thiele, könnten sich in den nächsten Jahren auf attraktive Angebote freuen. Instant Payments beispielsweise würden mit einem echten Mehrwert für Kunden wesentlich dazu beitragen. Dazu müssten die Banken ihren Kunden aber auch attraktive Angebote machen, beispielsweise durch Bezahlmöglichkeiten mit einer Smartphone-App. Eine Herausforderung sei dabei, die nationale und europaweite Adressierbarkeit in SEPA zu ermöglichen: „Erfahrungsgemäß werden solche Angebote nur dann ein Erfolg, wenn sie bankübergreifend eine durchgängige Erreichbarkeit sicherstellen."

Ein Überblick
Zahlungsverkehrssymposium 2017

Neben der Digitalisierung und Harmonisierung des europäischen Zahlungsverkehrs stellten auch globale Technologieunternehmen wie Google, Apple, Facebook und Alibaba eine Herausforderung dar, könnten sie doch als mächtige Wettbewerber im Zahlungsverkehr auftreten. Für den europäischen Zahlungsverkehr, mahnte Thiele an, müsse eine hohe Priorität darin bestehen, die Digitalisierung voranzubringen und nicht global ins Hintertreffen zu geraten. „Der europäische Zahlungsverkehr darf im digitalen Zeitalter nicht von einer Lokomotive mit Zugkraft zu einem Anhänger werden."

Blockchain-Technologie im Fokus

Passend dazu bemühte das Vorstandsmitglied der Bundesbank eine Analogie aus dem Eishockey. Wayne Gretzky hätte einst gesagt, ein guter Spieler sei dort, wo der Puck sei. Ein herausragender Spieler jedoch spiele da, wo der Puck sein werde. Gleiches gelte auch im Zahlungsverkehr, so Thiele. „Manchmal müssen wir uns mit neuen Technologien beschäftigen allein aufgrund der vorhandenen Indizien, dass sie bestehende Prozesse verändern und möglicherweise ganz neue Strukturen ermöglichen können." Dies gelte im Besonderen für die Blockchain- bzw. Distributed Ledger-Technologie.

Zwar wolle die Bundesbank keinesfalls den Hype um die Technik befördern, führte Thiele aus, aber sie beschäftige sich eben mit den Chancen und Risiken der Technologie. „Als Betreiber von großen Marktinfrastrukturen müssen wir neue Basistechniken verstehen und zwar aus eigener Anschauung." So sei die Blockchain von der Finanzindustrie aktiv aufgegriffen worden und habe sich längst von ihrer Herkunft, als Technik hinter Bitcoin, emanzipiert.

Um die Anwendungsmöglichkeiten der Blockchain-Technologie in der Finanzwelt zu erforschen, habe die Deutsche Bundesbank gemeinsam mit der Deutschen Börse einen Prototypen entwickelt, mit dem Wertpapiertransaktionen und Zahlungen blockchain-basiert abgewickelt werden könnten.

Während die grundlegende Technik also interessante Möglichkeiten biete, warnte Thiele aber erneut vor den Gefahren einer virtuellen Währung wie Bitcoin. Bitcoin bleibe eine virtuelle Währung, die keine reale Wertgrundlage habe. Die Unterstellung, Zentralbanker fürchteten den Wettbewerb der Währungen und würden virtuelle Währungen ungerechtfertigt in eine „Schmuddelecke" stellen, wies er zurück. „Wir Zentralbanker haben aber die Pflicht, für einen sicheren und effizienten Zahlungsverkehr zu sorgen. Im Rahmen dieses Sorgeauftrages legen wir großen Wert auf eine stabile Währung, die in sicheren und effizienten Zahlungsverkehrssystemen umläuft."

TARGET Instant Payment Settlement - Echtzeitzahlungslösung für das Eurosystem

Laut Yves Mersch, Mitglied des Direktoriums der Europäischen Zentralbank (EZB), bringe die zunehmende Digitalisierung der Gesellschaft die Notwendigkeit innovativer und effizienter Dienstleistungen mit sich. So sei zum Beispiel bei Endverbrauchern ein Bedarf an Echtzeitzahlungslösungen zu beobachten. Das Eurosystem würde diesem Bedarf Rechnung tragen, indem es die Marktinfrastrukturen des Eurosystems kontinuierlich weiterentwickele. Mit TARGET Instant Payment Settlement (TIPS) wolle das Eurosystem die notwendige Infrastruktur für die europaweite Abwicklung von Echtzeitzahlungen schaffen. Mit dieser Initiative, so Mersch, könnte einer erneuten Fragmentierung infolge der Entwicklung einzelstaatlicher Lösungen vorgebeugt werden, die unter Umständen überhaupt keinen oder einen lediglich begrenzt länderübergreifenden Betrieb ermögliche. Dabei sei TIPS als Ergänzung der Clearingdienste der automatisierten Clearinghäuser (ACH) zu sehen, um im Zusammenspiel der Dienste eine europaweite Erreichbarkeit sicherzustellen.

Als ein weiteres Projekt in diesem Rahmen sei die Konsolidierung von TARGET2 und TARGET2-Securities angedacht, so Mersch. Man wolle damit den Teilnehmern an den Eurosystem-Marktinfrastrukturen ein integriertes Liquiditätsmanagement für sämtliche Dienste des Eurosystems bieten. Dank einer neuen Kontenstruktur könnten Teilnehmer die verfügbare Zahlungskapazität während der Geschäftszeiten eines der angeschlossenen Dienste nutzen, ohne dass die Geschäftszeiten der verschiedenen Dienste aufeinander abgestimmt werden müssten.

Neufassung der Richtlinie über Zahlungsdienste
Damit aber ein integrierter Finanzmarkt erfolgreich sei, forderte Mersch Gesetzgeber und Regulierungsbehörden auf, für einen eindeutigen Rechtsrahmen zu sorgen. Nur so könnten innovative Zahlungsdienstleistungen für den gesamten europäischen Markt entwickelt werden. „Indem wir die Anforderungen festlegen, die innovativen Unternehmen einen unkomplizierten, sicheren und effizienten Marktzutritt ermöglichen, können wir den Wettbewerb fördern und gleichzeitig dafür sorgen, dass die Nutzer von FinTech-Innovationen profitieren."

Die Neufassung der Richtlinie über Zahlungsdienste (Payment Services Directive – PSD2), die bis Januar 2018 in nationales Recht umzusetzen sei, ziele darauf ab, die europaweite Konkurrenz und Beteiligung in der Zahlungsverkehrsbranche zu erhöhen, unter anderem in Bezug auf Nichtbanken. Außerdem solle sie für gleiche Wettbewerbsbedingungen sorgen, so das EZB-Direktoriumsmitglied, indem sie die Anforderungen für den Verbraucherschutz sowie die Rechte und Pflichten der Anbieter und Nutzer von Zahlungsdienstleistungen festlege.

So seien laut Mersch in den letzten Jahren neue Drittanbieter, sogenannte Third-party Providers (TPP) auf den Plan getreten, die Zahlungsinitiierungs- und/oder Kontoinformationsdienste am Anfang der Wertschöpfungskette anbieten würden. Die Europäische Bankenaufsichtsbehörde EBA habe Maßnahmen für eine starke Kundenauthentifizierung und eine sichere Kommunikation entwickelt, um die Sicherheit von Zahlungsdienstleistungen zu gewährleisten. Derzeit befinde sich die EBA dazu in Abstimmungen mit der Europäischen Kommission. Aktuell stünden Mersch zufolge die Marktteilnehmer im Hinblick auf die endgültige Form des Rechtsrahmens aber nach wie vor einer Reihe von Unsicherheiten gegenüber.

„Daher begrüße ich die Anstrengungen der europäischen Instanzen, diese Fragen so rasch wie möglich zu klären, um den Markt bei der Umsetzung des neuen Rechtsrahmens zu unterstützen."

Zahlungsverkehrssymposium 2017
Zusammenfassungen der Beiträge

Mobiles Bezahlen in Deutschland – Zukunft oder Illusion?

Dr. Andreas Martin
Mitglied des Vorstands,
Bundesverband der Deutschen Volksbanken und Raiffeisenbanken e.V.

Die Antwort von Dr. Andreas Martin, Mitglied des Vorstands des Bundesverbands der Deutschen Volksbanken und Raiffeisenbanken, fiel eindeutig aus. „Die Zukunft sehe ich weder als Illusion noch als Revolution, sondern eher als Evolution." Damit machte Martin schon zu Beginn seines Vortrags deutlich, wie die Frage nach der Entwicklung des mobilen Zahlungsverkehrs in Deutschland zu beantworten sei.

Zwar gelte Deutschland nach wie vor als Land der Barzahler – mit einem Anteil von 51 Prozent stelle Bargeld aktuell noch das am häufigsten genutzte Bezahlverfahren an der Ladenkasse dar, der Anteil sonstiger und mobiler Bezahlverfahren dagegen sei mit 0,6 Prozent noch sehr gering –, allerdings hätten Martin zufolge mobile Bezahlverfahren durchaus das Potential, die Rolle als „Gamechanger" einzunehmen. Denn Untersuchungen zeigten, dass gerade unter jungen Verbrauchern eine grundsätzliche Bereitschaft zur Nutzung kontaktloser Bezahlmöglichkeiten mit dem Mobiltelefon weit verbreitet sei.

Die technischen Voraussetzungen, so Martin, seien jedenfalls bereits heute vorhanden: eine gleichgerichtet entwickelte Ausgabe- und Akzeptanzinfrastruktur. POS-Terminals seien mehrheitlich ebenso bereit für NFC-Zahlungen wie moderne Mobiltelefone, die bereits ebenfalls eine NFC-Schnittstelle integriert hätten. Für die Kreditwirtschaft stelle sich daher die Frage, welche Rolle sie bei diesem Prozess einnehmen wolle. „Wird sie nur Zaungast sein? Wird sie nur Bereitsteller von Basisinfrastruktur sein? Wird sie nur Abrechnungsstelle gegenüber den Kunden sein?", formulierte Martin wesentliche Fragestellungen.

Geht es nach Martin, fallen die Antworten darauf eindeutig aus: „Wir wollen den Zahlungsverkehr auch weiterhin als ein Geschäftsfeld sehen und nicht nur als eine Infrastruktur, die wir anderen zur Verfügung stellen." Seit Dezember 2016 habe die Genossenschaftliche Finanzgruppe in der Testregion Kassel Erfahrungen mit drei Primärbanken und dem Mobilfunkanbieter Vodafone gesammelt. „Wir werden bereits im kommenden Jahr sehr konkrete mobile Realisierungen im deutschen Markt sehen", kündigte Martin für 2018 ein Angebot der Volks- und Raiffeisenbanken an.

Dann liege es in der Hand der Kunden, dieses Angebot auch zu nutzen. Gerade bei Beträgen unter 25 Euro würde sich ein solches Bezahlverfahren anbieten, führte Martin aus. So wachse in diesem Bereich schon heute der Anteil der Zahlungen, die kontaktlos vorgenommen würden. In einzelnen Verbraucherbereichen, so Martin, betrage der Anteil der kontaktlosen Bezahlvorgänge bereits 30 Prozent. Demzufolge prognostizierte er, dass mobile Bezahlverfahren als „Payment 3.0" bis 2020 zu Lasten des Bargelds moderat an Marktanteilen gewinnen würden.

Digital(er) werden – bewährtes Geschäftsmodell erhalten!

Dr. Joachim Schmalzl
Geschäftsführendes Vorstandsmitglied,
Deutscher Sparkassen- und Giroverband e.V.

„Sehnsucht nach Regionalität und Stabilität mit Innovationskraft zu verbinden ist nicht immer einfach", brachte Dr. Joachim Schmalzl, Geschäftsführendes Mitglied im Vorstand des Deutschen Sparkassen- und Giroverbands, die Herausforderung auf den Punkt, der sich der Sparkassen-Sektor in Deutschland gegenübersieht. In seinem Vortrag „Digital(er) werden – bewährtes Geschäftsmodell erhalten!" skizzierte Schmalzl die Anstrengungen der Sparkassen, beide Rollen – die des regional verankerten Anbieters einer ganzheitlichen Produktpalette von Bankdienstleistungen und die des Innovators – zu vereinen.

Auf diese erste, im Selbstverständnis der Sparkassen fest verwurzelte Rolle spielte Schmalzl an, als er betonte, er glaube dass das Geschäftsmodell der Sparkassen zu einem bestimmten Typ von Mensch und einem bestimmten Typ von Unternehmen passe. Diese wollten die Sparkassen, so Schmalzl, gut bedienen. Allerdings hätte sich, vor allem in der jüngeren Vergangenheit, eben auch das Verhalten der Kunden verändert. Die Kunden würden beispielsweise zunehmend mit mobilen Endgeräten auf ihr Konto zugreifen und die einzelne Sparkasse vor Ort wisse dabei häufig gar nicht, dass ein Zugriff zum Beispiel mit Hilfe der Sparkassen-App erfolge. Das klassische Bild eines Kunden, der sich nach bestimmten Kriterien sortieren, segmentieren und zuteilen lasse, habe sich jedenfalls radikal gewandelt, konstatierte Schmalzl. „Der Kunde bestimmt selbst den Vertriebsweg, der Kunde bestimmt selbst den Kontaktpunkt. Wir als Sparkassen müssen uns ändern und daran anpassen."

Schmalzl verdeutlichte aber, dass die Sparkassen sich den Herausforderungen der digitalen Welt stellen würden. Mit „Kwitt" beispielsweise habe die Sparkassen-

Finanzgruppe ein Angebot für das Bezahlen per Handy geschaffen, das in den ersten sechs Monaten seit Bestehen bereits 400 Tausend Nutzer verzeichnen könne. Neuland habe man beim Marketing für dieses Angebot beschritten: Erstmals habe man zunächst nur in sozialen Netzwerken geworben, klassische TV-Werbung erfolge erst zu einem späteren Zeitpunkt.

Allen Neuerungen zum Trotz, die der digitale Wandel der Wirtschaft auch für den Bankensektor mit sich bringe, fiel das Bekenntnis von Schmalzl zum klassischen Geschäftsmodell der Sparkassen aber deutlich aus. „Wir bekennen uns ganz deutlich und massiv zu dem stationären Geschäftsstellennetz." Die Sparkassen wüssten, so Schmalzl, dass sie die gebündelte Kompetenz in den Filialen als Ankerpunkt bräuchten. Die immer noch 13 Tausend Filialen sollten auch in Zukunft erhalten bleiben. „Wir machen vieles nicht, was diese Vertriebsstrategie stören würde, wir machen nicht alles, was geht. Wir machen das, was zu uns passt."

■ Umparken im Kopf – Wie man die unsichtbare Mauer in den Köpfen einer Nation einreißt

Tina Müller
Chief Marketing Officer,
Opel Automobile GmbH

Wie schafft es ein Unternehmen, sein Markenimage nachhaltig zu verbessern und Vorurteile zu einer Marke in den Köpfen der Menschen auszuräumen? Tina Müller, Chief Marketing Officer und Geschäftsführerin Marketing der Opel Automobile GmbH, erläuterte in ihrer Präsentation, wie Opel es in den zurückliegenden Jahren mit Hilfe der Kampagne „Umparken im Kopf" geschafft hat, festgefahrene Einstellungen zur Marke Opel aufzuweichen und das Image so langfristig zu verbessern. Dies sei, so führte Tina Müller aus, angesichts des der Kampagne vorangegangenen kontinuierlichen Rückgangs des Marktanteils von Opel auch dringend notwendig gewesen. Die Hoffnung war, an die erfolgreiche Vergangenheit der Marke Opel anzuknüpfen.

Denn dass Opel fest in der bundesdeutschen Automobillandschaft verankert ist, zeigte sich durch eine kurze Umfrage unter den Teilnehmern des Symposiums: 69 Prozent der Gäste gaben an, dass mindestens ein Familienmitglied bereits einmal einen Opel besessen habe. Qualitätsprobleme, ein langweiliges Design und eine Produktpalette, die nicht mehr zeitgemäß und konkurrenzfähig gewesen wären, hätten in der Vergangenheit aber bewirkt, dass das Image der Marke zunehmend negativ behaftet gewesen sei. „Das Image der letzten 20 Jahre stand wie eine Mauer zwischen neuen, innovativen und modernen Produkten und der Zielgruppe", erläuterte Tina Müller das Problem von Opel. Diese Mauer einzureißen, sei das Ziel von „Umparken im Kopf" gewesen.

Mit einer bundesweiten Kampagne, die auf provokante Weise Vorurteile aufgriff und zunächst bewusst nicht die Marke, sondern das gesellschaftliche Phänomen von Vorurteilen in den Mittelpunkt stellte („68 Prozent aller Männer halten rothaarige Frauen für feuriger. 90 Prozent davon haben noch nie eine kennengelernt."), sei Interesse geweckt worden. In einer zweiten Kampagnenwelle, so Tina Müller, seien dann Werbespots mit bekannten Testimonials wie Jürgen Klopp geschaltet worden, um die soziale Akzeptanz der Marke zu erhöhen. Eine erhöhte Akzeptanz der Marke und gestiegene Verkaufszahlen würden den Erfolg der Kampagne unterstreichen.

Um aber den wieder hergestellten Anschluss an die Konkurrenz nicht erneut zu verlieren, sei ein Unternehmen wie Opel bestrebt, durch ständige und für alle bezahlbare Innovationen den Verbraucher immer wieder neu zu überzeugen. Nicht zuletzt deshalb seien digitale Innovationen immer wichtiger für Autobauer wie Opel, so Tina Müller. „Der Wandel in der Industrie wird sich auch dadurch ausdrücken, dass der Trend weggeht von klassischen Maschinenbauingenieuren hin zu Softwareingenieuren", machte Müller deutlich.

Blockchain-Technologie als Schlüssel für die Zukunft?

Prof. Dr. Hans Ulrich Buhl
Wissenschaftlicher Leiter der Projektgruppe Wirtschaftsinformatik,
Fraunhofer-Institut für angewandte Informationstechnik FIT

„Gehypte und potenziell disruptive Technologien scheitern zu 98 Prozent. Nur zwei Prozent dagegen schaffen es, tatsächlich die Welt zu verändern." Mit dieser Einschätzung machte Prof. Dr. Hans Ulrich Buhl, Wissenschaftlicher Leiter der Projektgruppe Wirtschaftsinformatik des Fraunhofer-Instituts für angewandte Informationstechnik FIT, bereits zu Anfang seines Vortrags zur Blockchain-Technologie deutlich, dass diese nicht zwangsläufig ein Schlüssel für die Zukunft sein muss. „Und von diesen zwei Prozent", führte Buhl weiter aus, „verändern jeweils ein Prozent die Welt zum Guten und ein Prozent die Welt zum Schlechten."

Was die Blockchain-Technologie angehe, fuhr Buhl mit seiner Einordnung fort, würde man sich momentan an einem Punkt befinden, an dem man noch keine abschließende Prognose über einen möglichen Siegeszug anstellen könne. Sicher sei aber, dass der Hype sich wieder legen werde, erklärte der Wissenschaftler. „Viele der Erwartungen werden unerfüllt bleiben, aber die wichtige Frage hierbei ist: Welche Anwendungsmöglichkeiten bietet die Blockchain-Technologie in fünf bis zehn Jahren?"

Anwendungsmöglichkeiten, führte Buhl aus, böten sich gerade im Bereich des Zahlungsverkehrs und der Wertpapierabwicklung einige. Wolle er zum Beispiel Geld per Überweisung in die Schweiz transferieren, sei dies heute mit hohen Gebühren verbunden. Mit einem Public-Blockchain-basierten Ansatz dagegen, so Buhl, der nicht einen gewissen Anteil der Überweisungen als Kostenersatz für den Umtausch von Euro in Schweizer Franken einbehalte, könne möglicherweise eine kostengünstige Alternative geschaffen werden. „Ich glaube, ich wäre ein Kunde davon", bot sich Buhl dann auch als potentieller Kunde an. In Verbindung mit sogenannten Smart Contracts seien Geschäfte möglich, die mehr als nur Werttransaktionen beinhalteten. Ein Beispiel aus dem Wertpapierbereich zeige dies anschaulich: Sollte beispielsweise der Wert eines Wertpapiers unter eine bestimmte, vorab vertraglich vereinbarte Grenze fallen, würde dieses automatisch transferiert oder es würde automatisch die Zahlung einer ebenfalls vorab vertraglich festgelegten Summe stattfinden.

Natürlich, führte Buhl weiter aus, ließen sich mit Blockchain-basierten Angeboten keine Produkte oder Dienstleistungen angreifen, die extrem effizient organisiert seien. Aber sehr wohl solche Produkte oder Dienstleistungen, die heute ineffizient seien oder bei denen sich heute durch den Anbieter hohe Margen erzielen ließen. Gleichwohl, schränkte Buhl ein, müsse man auch mögliche ethische Konflikte bedenken, die sich beispielsweise aus automatisierten Angebots- und Nachfrageentscheidungen ergeben könnten: „Diese Technologie erfordert Regulierung bei der Frage, wie sie neuen Nutzen stiften kann und wo sie in Bereiche eingreift, in der sie potentiell Leben gefährden kann." Die rechtlichen Rahmenbedingungen jedenfalls seien dafür heute nicht ausreichend, beendete Buhl seinen Vortrag.

Zusammenfassungen der Beiträge
Zahlungsverkehrssymposium 2017

Foto: Frank Raumpenhorst

Dr. Jens Weidmann
Eröffnung des Bundesbank-Symposiums „Zahlungsverkehr und Wertpapierabwicklung in Deutschland im Jahr 2017"

Dr. Jens Weidmann
Präsident der Deutschen Bundesbank

Video-Beitrag auf YouTube.com

1 Begrüßung

Meine sehr verehrten Damen und Herren, guten Morgen und herzlich Willkommen zum diesjährigen Zahlungsverkehrssymposium der Deutschen Bundesbank. Ich freue mich, dass unsere Einladung wiederum so große Resonanz ausgelöst hat und Sie so zahlreich gekommen sind.

Mein Eindruck ist, dass es mit dem Zahlungsverkehr und der Wertpapierabwicklung ähnlich ist wie mit der Stromversorgung: Jeder nutzt sie wie selbstverständlich und nur die wenigsten machen sich Gedanken darüber, welche komplexen Systeme im Hintergrund arbeiten, damit diese Schlüsselinfrastrukturen für eine Volkswirtschaft schnell, effizient und jederzeit störungsfrei funktionieren.

Das regelmäßig stattfindende Bundesbank-Symposium liefert deshalb nicht nur eine Plattform für den Austausch von Experten, sondern es dient auch dazu, der Öffentlichkeit die Bedeutung von Zahlungsverkehr und Abwicklung zu verdeutlichen und aktuelle Entwicklungstrends aufzuzeigen. Durch den Tag wird Sie Philipp Otto als Moderator führen. Er ist nicht nur auf vielerlei Art und Weise publizistisch tätig, sondern auch ein gefragter Experte und Berater in Sachen Digitalisierung. Insofern ist das Symposium für Sie, lieber Herr Otto, ja in doppelter Weise ein Heimspiel: inhaltlich, aber auch weil Ihre Moderation bei dieser Veranstaltung ja bereits bewährte Praxis ist.

Die Digitalisierung hat in den letzten Jahren auch für den Zahlungsverkehr und die Wertpapierabwicklung enorm zugenommen. Ein Blick auf die Themen der heutigen Vorträge zeigt: kaum eines Ihrer Arbeitsgebiete kann sich den Fliehkräften der sich rasant entwickelnden Informations- und Kommunikationstechnologie entziehen. Sie zerren an den existierenden Systemen. Und die Betreiber, und damit meine ich auch die Zentralbanken, müssen ihre Systeme immer wieder auf den Prüfstand stellen und fortentwickeln. „Bleibt alles anders", der Titel des fast 20 Jahre alten Albums von Herbert Grönemeyer, beschreibt also auch Ihr Arbeitsgebiet, selbst wenn der Künstler vermutlich nicht hieran gedacht hat.

2 TARGET2-Securities

Einen Quantensprung der Veränderung, einen sehr gelungenen Systemwechsel hat es in Deutschland erst jüngst gegeben. Mit Abschluss des Geschäftstages 6. Februar 2017 ist der deutsche Markt mit seinem Zentralverwahrer Clearstream Banking AG planmäßig auf die Eurosystem-Plattform TARGET2-Securities migriert. Seitdem laufen rund 90% der für T2S erwarteten Wertpapierabwicklung über diese Plattform. Auch die deutschen Marktteilnehmer können nun also von den Möglichkeiten zur Optimierung ihres Liquiditäts- und Sicherheitenmanagements profitieren – neben den Erleichterungen durch Standardisierung und Harmonisierung im

Rahmen der Abwicklung, versteht sich. Liquidität und Sicherheiten können nun gepoolt, Liquiditätspuffer und Sicherheitenpuffer können abgebaut werden. Die ersten Erfahrungen mit T2S stehen heute Nachmittag für Sie auf dem Programm.

Weitere Vorteile könnten auch dann entstehen, wenn mit TARGET2 und T2S zwei der weltweit bedeutendsten Marktinfrastrukturen im Zahlungsverkehr und in der Wertpapierabwicklung konsolidiert und auf eine moderne Technik gehoben würden. Dann könnten die Nutzer nicht nur die Liquiditätssteuerung weiter optimieren, sondern es könnte auch ein einheitlicher Zugang der Kunden zu allen Marktinfrastrukturen des Eurosystems geschaffen werden. Daneben wäre die Öffnung der Systeme für weitere Netzwerkanbieter möglich. Das würde den Wettbewerb fördern.

Noch ist freilich nichts beschlossen. Über die mögliche Weiterentwicklung der Marktinfrastrukturen des Eurosystems wird der EZB-Rat im Dezember dieses Jahres entscheiden. Ich bin mir sicher, dass Yves Mersch in seinem Vortrag auf dieses Thema eingehen wird.

Neben den Kostengesichtspunkten darf ein zweiter Mehrwert der integrierten europäischen Wertpapierabwicklung nicht übersehen werden, nämlich ihr positiver Beitrag auf dem Weg hin zu einer Europäischen Kapitalmarktunion.

Europäische Unternehmen finanzieren sich zum Großteil über Bankdarlehen. Gemessen am BIP liegt der Anteil der Bankfinanzierung in Europa etwa viermal höher als in den Vereinigten Staaten.[1] Natürlich spiegelt die Struktur des Finanzsystems auch die Unternehmensstruktur einer Volkswirtschaft wider – und in einer Volkswirtschaft wie der europäischen mit einem vergleichsweise hohen Anteil an kleinen Unternehmen wird auch in Zukunft der Bankkredit dominieren.

---

1 http://www.bankofengland.co.uk/financialstability/Documents/fpc/fspapers/fs_paper33.pdf, S. 6.

Eine Verbesserung und Harmonisierung der Kapitalmarktregulierung, etwa auf dem Gebiet des Insolvenzrechts, könnte aber dennoch dazu beitragen, gerade für die kleinen und mittleren Unternehmen das Angebot an alternativen Finanzierungsinstrumenten zu vergrößern. Denn die Bereitschaft der Anleger, grenzüberschreitend Risikokapital zur Verfügung zu stellen, dürfte bei einheitlichen Kapitalmarktregeln zunehmen. Große Unternehmen können ja ohnehin bereits heute die globalen Kapitalmärkte nutzen.

Die Kapitalmarktunion stärkt damit außerdem die grenzüberschreitende Risikoteilung, weil ökonomische Schocks auf mehr Schultern in Europa verteilt würden. Sie sorgt damit tendenziell für eine Angleichung der Konjunkturverläufe. Untersuchungen haben zudem gezeigt, dass die private Risikoteilung über integrierte Kapitalmärkte wesentlich besser geeignet ist, Schocks aufzufangen, als die öffentliche Risikoteilung, die ja die politischen Diskussionen dominiert. Die integrierten Eigenkapitalmärkte in den USA fangen etwa 40% der gesamten konjunkturellen Schwankungen zwischen den Bundesstaaten ab.[2] Wird eine Branche oder eine bestimmte Region von einem negativen Schock getroffen, so verteilen sich die Verluste weit über die betroffene Region hinaus. Und umgekehrt profitieren bei positiven Entwicklungen natürlich auch die Regionen stärker in der Breite.

3 FinTechs

Es ist unstrittig, dass Innovationen ein wichtiger Treiber für Wachstum und Wohlstand sind. Das gilt in der Realwirtschaft, aber auch in der Finanzwirtschaft. Innovationen werden im Finanzsektor derzeit insbesondere mit den sogenannten FinTechs in Verbindung gebracht. Das sind nicht nur die vielen kleinen und wendigen Start-up-Unternehmen, die in großer Zahl digitale Lösungen für Finanzdienst-

---

[2] P. Asdrubali, B. Sørensen und O. Yosha (1996), Channels of Interstate Risk Sharing: US 1963-1990, Quarterly Journal of Economics, 111(4), S. 1081-1110.

leistungen entwickeln, sondern auch große Softwareschmieden.

FinTechs gestalten beispielsweise die Schnittstelle zum Privatkunden neu und bieten alternative Zahlungswege zu den bekannten Zahlungsverfahren. So werden aktuell verschiedenste Verfahren etwa für Zahlungen mit dem Smartphone im Handel oder zwischen Privatpersonen – Stichwort „P2P" – erprobt. FinTechs erhöhen damit auch den Anpassungsdruck, dem die Banken ausgesetzt sind. Zwar nutzen Banken verstärkt die Innovationskraft von FinTechs, um ihre Kosten zu senken. Gleichzeitig wird mit den neuen Zahlungsverfahren aber die Bank-Kunden-Beziehung unter Umständen lockerer. Im Extremfall nimmt der Kunde seine Bankverbindungen sogar nur noch über eine einzige Schnittstelle wahr. Die Banken werden für den Kunden damit stärker austauschbar, der Wettbewerb zwischen den Instituten steigt. Ihre Möglichkeit, etwa über höhere Gebühren die Ertragslage zu verbessern, nimmt ab.

Nun ist aber natürlich das Angebot neuer Zahlungswege allein noch kein Garant für einen Markterfolg. Um es in der präzisen Sprache der Fußballer auf den Punkt zu bringen: „Entscheidend ist auf'm Platz", das wusste schon Alt-Trainer Adi Preißler. Und dort steht der Kunde. Der wird vom Mehrwert einer Innovation nur dann überzeugt sein, wenn die Zahlung schneller, bequemer, günstiger und sicherer ist. Nur wenn eine Innovation hier punkten kann, wird sie sich durchsetzen und eine kritische Masse an Zahlungen erreichen. Und genau darum geht es im Netzwerkgeschäft „Zahlungsverkehr". Denn beim Zahlungsverkehr hängt der Vorteil für jeden einzelnen Kunden letztlich auch davon ab, wie viele andere Kunden diesen Zahlungsweg ebenfalls nutzen.

Auch deshalb arbeiten FinTechs zunehmend mit etablierten Instituten zusammen. Solche Kooperationen können für beide Seiten nützlich sein: FinTechs erreichen über den Bankpartner eine große Zahl potenzieller Kunden. Banken wiederum können so ohne lange Entwicklungszeiten innovative Leistungen anbieten.

Letztlich entscheiden aber die Nutzer über Richtung und Ausmaß der Veränderungen. Und das ist auch richtig so. Deshalb vertritt die Bundesbank eine Position der Marktneutralität. Das gilt natürlich erst recht für die Entscheidung, ob der Bürger lieber elektronisch oder lieber bar bezahlt. Denn wie Sie wissen, ist das Bargeld noch immer das beliebteste Zahlungsmittel der Deutschen an der Ladenkasse. Zwar nimmt der Anteil elektronischer Zahlungsverfahren hierzulande zu. Dieser Wandel vollzieht sich aber nur vergleichsweise langsam.

Mit Blick auf die Finanzstabilität tragen FinTechs einerseits zur Heterogenität des Finanzsektors bei, was dessen Widerstandsfähigkeit stärken könnte. Andererseits könnten sie Anreizstrukturen verändern und Ansteckungsrisiken schaffen, z.B. wenn eine verstärkte Vernetzung der einzelnen Parteien untereinander zu einem Bedeutungsverlust zentraler Gegenparteien führt. Deren Rolle wurde aber ja als eine wichtige Lehre aus der Finanzkrise erst vor kurzem gestärkt.

Meine Damen und Herren, der FinTech-Sektor entwickelt sich äußerst dynamisch. Innovationen entstehen, manche Geschäftsmodelle erobern den Markt, andere scheitern. Um die von FinTechs ausgehenden Risiken für die Finanzstabilität konkret abschätzen zu können, benötigen wir ein genaues Bild über Art und Umfang der Aktivitäten dieser Unternehmen. Die G20-Staaten haben deshalb alle Länder dazu aufgefordert, die digitalen Finanzentwicklungen in ihren Ländern sehr sorgfältig zu beobachten und dabei besonders die grenzüberschreitenden Aspekte zu berücksichtigen. Das soll auch in Zusammenarbeit mit dem Finanzstabilitätsrat (FSB) und anderen internationalen Organisationen geschehen. Darüber hinaus unterstützen die G20-Länder die Arbeiten des FSB, der zentrale regulatorische Aspekte identifizieren soll.

Bei solchen Überlegungen muss freilich das Gleiche gelten wie bei jeder Regulierung: Es braucht einen geeigneten Kompromiss zwischen einem vernünftigen regulatorischen Rahmen, der Sicherheit und Stabilität bietet und den notwendigen

Freiraum, der Wettbewerb durch das Entstehen neuer Geschäftsideen ermöglicht.

4 Instant Payments

Unter den technologie-getriebenen Entwicklungen im Zahlungsverkehr ist es insbesondere Instant Payments, was hierzulande und im Euro-Raum die Geschäftsbanken zunehmend beschäftigt. In nicht wenigen Ländern rund um den Globus gibt es solche Systeme bereits, mit denen bargeldlose Zahlungen in Echtzeit abgewickelt werden können: an 365 Tagen im Jahr an 24 Stunden am Tag – an der Ladenkasse, direkt bei Lieferung oder direkt bei der Bestellung. In Europa gehört Dänemark zu den Vorreitern. Dort kann inzwischen auch auf dem Wochenmarkt mobil und in Echtzeit gezahlt werden. Auf neun von zehn Smartphones ist in Dänemark bereits eine Instant Payments App installiert.

Denn Zahlungen in Echtzeit bieten alle Vorteile eines Zug-um-Zug-Geschäfts. Nicht umsonst werden noch immer rund 80% aller Transaktionen an der Ladenkasse mit Bargeld abgewickelt, das ja genau diese Eigenschaft auszeichnet. Mit Instant Payments nähern sich elektronische Zahlungen also diesbezüglich der Barzahlung an. Außerdem dürfte diese bargeldlose Zahlungsform von vielen als die komfortable und effiziente Bezahlmethode wahrgenommen werden, entspricht sie doch am ehesten den heute üblichen digitalen Kommunikationskanälen.

Darüber hinaus lassen sich mit Instant Payments auch Zahlungen zwischen Privatpersonen beschleunigen und vereinfachen, zum Beispiel wenn eine Restaurantrechnung unmittelbar geteilt werden soll oder wenn Eltern den akuten Hilferuf eines auswärts studierenden Kindes mit einer Überweisung innerhalb von Sekunden beantworten können. Ob letzteres unter Anreizgesichtspunkten allerdings empfehlenswert ist, sei dahingestellt …

Besonderes Engagement bei der Einführung von Instant Payments zeigt aber vor allem der Handel. Er verspricht sich geringere Kosten im Vergleich mit einer heutigen Kartenzahlung. Und der Online-Handel rechnet mit einer geringeren Zahl an abgebrochenen Einkäufen. Darüber hinaus kann der Handel bei Zahlungen in Echtzeit unmittelbar über den Verkaufserlös verfügen und mit ihm arbeiten. Dagegen benötigen bargeldlose Zahlungen heutzutage in der Regel einen Tag, bis der Betrag auf dem Konto des Empfängers eingeht. Noch vor wenigen Jahren brauchte der Geldeingang teilweise bis zu fünf Tage.

Eines ist allerdings klar: Zahlungen in Echtzeit erfordern eine moderne, leistungsfähige IT-Infrastruktur bei allen am Zahlungsverkehr Beteiligten. So würden Zahlungen nicht wie bisher in großen Paketen von Zahlungsnachrichten zu vereinbarten Zeitpunkten verarbeitet, sondern einzeln und fortlaufend, zeitlich extrem eng getaktet. Das stellt ganz neue Anforderungen an die IT-Landschaft. Allerdings haben sich viele Banken die Modernisierung ihrer IT-Systeme ohnehin bereits auf ihre Fahnen geschrieben.

Grundsätzlich zeichnet sich im Banken- und Sparkassensektor inzwischen auch eine recht positive Haltung zu Instant Payments ab. Nach anfänglich zögerlicher Reaktion hat auch die Diskussion über die Herausforderungen durch FinTechs dafür gesorgt, dass die Banken und Sparkassen bei diesem Thema nun mehr Offenheit zeigen. Schließlich gilt es, verlorenes Terrain im Zahlungsverkehr, etwa bei Online-Bezahlungen, zurückzugewinnen.

Sollen Zahlungen in Echtzeit im Euroraum auch grenzüberschreitend möglich werden, bergen nationale Lösungen den Nachteil, dass sie miteinander verzahnt werden müssten. Das kann aufwendig werden, wenn die nationalen Systeme sehr unterschiedlich sind. Die Vergangenheit hat außerdem gezeigt, dass die Kooperation zwischen privaten Zahlungsverkehrsanbietern eher schwierig ist. Bei Zahlungen in Echtzeit müssten die Systeme aber besonders gut aufeinander abgestimmt sein, damit die Weiterleitung von Zahlungen über mehrere Clearinghäuser wirklich sekundenschnell funktioniert. Deshalb fordern manche eine starke Rolle des Eurosystems bei der Einführung von Instant Payments. Gerne wird dabei darauf verwiesen, dass bei einer möglichen Integration von TARGET2 und T2S gleichzeitig eine europäische Infrastruktur für Zahlungen in Echtzeit recht kostengünstig entwickelt werden könne.

Auf der anderen Seite schwächt eine zentralisierte Lösung für den Euro-Raum möglicherweise die Innovationskraft privater Zahlungsverkehrsanbieter, denn es unterbindet faktisch den Wettbewerb zwischen ihnen. Letztlich gilt auch für Zahlungssysteme, dass es in unserer Marktwirtschaft immer einer besonderen Begründung bedarf, wenn eine Funktion, die im Prinzip auch privat angeboten werden kann, durch den Staat beziehungsweise das Notenbanksystem bereitgestellt werden soll.

Mit diesem Thema wird sich der EZB-Rat im Juni befassen. Hierauf und über den aktuellen Stand der Arbeiten im Eurosystem beim Thema Instant Payments wird Herr Mersch in seinem Vortrag sicher eingehen.

5 Blockchain-Technologie

Zahlungen auf Basis der Blockchain- bzw. Distributed-Ledger-Technologie sind immer noch ein Nischenprodukt. Sie sind von der Massenanwendung noch weit entfernt, was sicher auch daran liegt, dass solche Transaktionen vergleichsweise langsam sind. Für Zahlungen an der Ladenkasse scheinen mir Blockchain-basierte Währungen deshalb – zumindest noch – nicht besonders geeignet zu sein.

Das schließt natürlich nicht aus, dass diese Technologie an anderer Stelle im Finanzsektor eingesetzt werden könnte. Im Gegenteil: Es sind grundsätzlich zahlreiche Anwendungen auf den Gebieten Wertpapierabwicklung, Handelsfinanzierung, Stammdatenverwaltung oder Revision und Aufsicht denkbar. Denn in der

Blockchain-Technologie werden die Daten bekanntlich über alle Transaktionen in einem dezentralen digitalen Register gespeichert, d.h. bei allen oder vielen Teilnehmern, die sich gegenseitig kontrollieren. Damit gibt es in diesem System keinen sogenannten Single Point of Failure, was dieses System grundsätzlich besonders widerstandsfähig gegenüber Datenverlust macht.

Diese Widerstandsfähigkeit geht allerdings zulasten der Geschwindigkeit. Deshalb werden der Blockchain-Technologie heute vor allem dort Vorteile zugeschrieben, wo Akteure in komplexen Transaktionsketten zusammenwirken. So gibt es gerade in der Wertpapierabwicklung heute noch einen relativ hohen manuellen Abstimmungsbedarf zwischen den beteiligten Transaktionspartnern. Deshalb werden die Wertpapierabwicklung und die damit verbundenen, nachgelagerten Aktivitäten der zahlreichen beteiligten Akteure häufig als vielversprechendes Anwendungsfeld für die Blockchain-Technologie genannt.

Dieses hat sich auch die Bundesbank gemeinsam mit der Deutschen Börse ausgesucht, um zusammen einen funktionstüchtigen Blockchain-Prototyp zu entwickeln. Mit ihm sollen Wertpapierkäufe und Zahlungen gleichzeitig abgewickelt werden können sowie die weiteren in der Wertpapierabwicklung anfallenden Transaktionen. Wir wollen damit testen, ob unter Berücksichtigung der geltenden Regulierung im Finanzsektor eine Blockchain-basierte Wertpapierabwicklung möglich und ob sie effizient und sicher ist. Hierbei experimentieren wir mit einem reinen Erkenntnisinteresse. Schließlich können wir als Aufseher und Betreiber von Marktinfrastrukturen nur dann unserer Verantwortung gerecht werden und einen reibungslosen Zahlungsverkehr und Sicherheit in der Abwicklung gewährleisten, wenn wir bei technologischen Entwicklungen auf dem neuesten Stand sind.

So sind wir als Zentralbank im Rahmen eines solchen Projekts in der Lage, auch Blockchain-basierte Anwendungen auf ihre technische Leistungsfähigkeit und Skalierbarkeit hin zu analysieren und sie mit der gegenwärtigen Abwicklungsinfrastruktur zu vergleichen. Denn eines steht außer Frage: Die Blockchain-Technologie wird nur dann auf breiter Basis genutzt werden, wenn sie mindestens so sicher, effizient, kostengünstig und schnell ist wie die konventionelle Technologie. Und hier hängt die Latte sehr hoch: die existierenden großen Finanzmarktinfrastrukturen, z.B. TARGET2 und T2S, sind schließlich ausgesprochen effizient und stabil. Auch hierauf dürfte in dem Vortrag zur Blockchain-Technologie heute Nachmittag eingegangen werden.

Ich persönlich wage derzeit keine Vorhersage, ob sich die Blockchain-Technologie am Ende durchsetzen wird oder nicht. Denn wir alle wissen, dass gerade die Geschichte der Informationstechnologie eine Geschichte misslungener Vorhersagen ist. Nicht, dass es mir am Ende ergeht wie Ken Olsen, dem Mitgründer von Digital Equipment Corporation. Er sagte 1977, dass er keinen Grund dafür sehe, warum jemand einen eigenen Computer zu Hause haben wollte.

6 Cyberrisiken

Durch die Digitalisierung wird die Widerstandsfähigkeit der Finanzmarktinfrastruktur gegenüber Cyberrisiken immer wichtiger. Mit gutem Grund steht heute auch ein Vortrag zur Cyberkriminalität auf dem Programm. Laut dem Verfassungsschutz verursachen Cyberattacken Schäden in Höhe von ca. 50 Mrd. Euro jährlich für die deutsche Wirtschaft. Weltweit sollen sie bei 400 Mrd. Euro liegen.

Das Risiko von Cyberattacken gilt auch für die Infrastrukturen und Anwendungen der europäischen Zentralbanken. Mittlerweile ist nicht mehr die Frage, „ob" eine Infrastruktur oder eine Institution Ziel eines Angriffs sein wird, sondern nur noch „wann" und „wie oft". Zum Beispiel wurde die Bundesbank auch im vergangenen Jahr vereinzelt mit sog. Distributed Denial of Service-Attacken angegriffen, bei denen ein über das Internet erreichbarer Dienst mit gleichzeitigen Anfragen in großer Zahl in die Knie gezwungen und das System dadurch zum Ausfall gebracht werden sollte. Und weitere Angriffe erfolgten mit dem Erpressungs-Trojaner Locky, der sich im Februar 2016 insbesondere in Deutschland über E-Mails mit über 5.000 Neuinfektionen pro Stunde rasend schnell verbreitete.

Mit ihren Schutzmechanismen hat die Bundesbank die gegen sie gerichteten Angriffe bis heute erfolgreich abgewehrt. Im vergangenen Jahr fingen wir zum Beispiel rund 10.000 verseuchte E-Mails ab. Darüber hinaus wurden im zurückliegenden Jahr mehrere hunderttausend nicht legitimierte Zugriffsversuche auf die Bundesbankinfrastruktur unterbunden und abgewehrt.

Angesichts der Gefährdungslage insbesondere in der Finanzbranche sind die laufende Optimierung von zentralen und dezentralen Schutzmechanismen und die Verankerung einer Cybersicherheitskultur von elementarer Bedeutung. Banken, aber auch Zahlungsverkehrs- und Wertpapierabwickler, müssen ihre IT- und Cyberrisiken mindestens mit der gleichen Sorgfalt steuern wie ihre traditionellen Bankrisiken. Während Banken den Kreditausfall eines durchschnittlichen Kreditnehmers üblicherweise wegstecken können sollten, kann schon eine einzige erfolgreiche Cyberattacke die Aktivitäten einer Bank stilllegen – und der Reputationsschaden wäre sicherlich immens. Die Bankenaufsicht muss die potenziellen Gefahren im Zusammenhang mit Cyberkriminalität deshalb noch stärker als bisher in den Blick nehmen.

Und die Notenbanken stehen für sich selbst in der besonderen Verantwortung, sich gegen Cyberrisiken zu schützen und damit das Vertrauen in das Finanzsystem zu sichern. Deshalb arbeiten wir auch international eng abgestimmt daran, Cyberrisiken für uns selbst und für die Finanzmarktinfrastrukturen zu reduzieren. Dabei ist entscheidend, dass nicht nur die IT ihren Beitrag leistet, sondern die fachlich Verantwortlichen, jeder einzelne Nutzer und die Aufsicht gleichermaßen in der Pflicht stehen. Hierauf zumindest baut die Cyber Resilience-Strategie des Eurosystems.

Die weltweiten Ransomware-Angriffe vom vergangenen Wochenende haben die Verwundbarkeit der digitalen Infrastrukturen noch einmal deutlich vor Augen geführt. Deshalb haben Bundesregierung und Bundesbank die Cybersicherheit zu einem Schwerpunkt der deutschen G20-Präsidentschaft gemacht. Und deshalb haben wir auch am letzten Wochenende beim G7-Treffen der Finanzminister und Notenbankgouverneure intensiv über das Thema Cybersicherheit gesprochen. Wir haben dabei nicht nur das Mandat der vor zwei Jahren unter deutscher Präsidentschaft ins Leben gerufenen Cyber Expert Group verlängert, sondern auch ihr Mandat ausgeweitet. Die Gruppe soll nun bis Oktober 2017 Eckpunkte für eine effektive Beurteilung der Cybersicherheit vorlegen. Außerdem werden die Länder ausdrücklich ermutigt, Wissen auszutauschen und sich international zum Beispiel mit anderen kritischen Infrastrukturen abzustimmen.

7 Schluss

Meine sehr geehrten Damen und Herren, lassen Sie mich zum Schluss kommen. Schließlich möchte ich nicht riskieren, dass Sie sich heute eines der Bonmots zu Eigen machen, mit denen Prinz Philip oft das Herz auf seinen Lippen trug. Er sagte nämlich einmal: „Eröffnungs- und Schlusszeremonien sollten verboten werden. Sie sind eine verdammte Plage."

Die Themen, mit denen Sie sich heute auseinandersetzen werden, sind vielfältig und sie stehen für wichtige Herausforderungen in unserem Währungsraum. Mein Anliegen war es, diese grob zu skizzieren und in einen Gesamtrahmen einzuordnen. Nun liegt es an Ihnen, jeweils in die Tiefe einzusteigen. Hierfür mache ich gern das Rednerpult frei und übergebe das Wort an Herrn Otto.

Lebenslauf

Dr. Jens Weidmann
Präsident der Deutschen Bundesbank

* 20. April 1968 in Solingen, Nordrhein-Westfalen

seit November 2015
Vorsitzender des Verwaltungsrates der Bank für Internationalen Zahlungsausgleich

seit Mai 2011
Präsident der Deutschen Bundesbank

- Aktuell zuständig für die Bereiche Kommunikation, Recht und Volkswirtschaft sowie das Forschungszentrum
- Mitglied des Rates der Europäischen Zentralbank
- Gouverneur des Internationalen Währungsfonds
- Mitglied des Verwaltungsrates der Bank für Internationalen Zahlungsausgleich
- Mitglied des Plenums und des Lenkungsausschusses des Finanzstabilitätsrats sowie Vorsitzender des Ständigen Ausschusses für Budget und Ressourcen des Finanzstabilitätsrats
- Mitglied des Verwaltungsrates des Europäischen Ausschusses für Systemrisiken

2006 – 2011
Leiter der Abteilung Wirtschafts- und Finanzpolitik im Bundeskanzleramt. Zuletzt auch persönlicher Beauftragter der Bundeskanzlerin für die Weltwirtschaftsgipfel der G8- und G20-Staaten

2003 – 2006

Leiter der Abteilung Geldpolitik und monetäre Analyse der Deutschen Bundesbank. Vertreter des Zentralbereichsleiters Volkswirtschaft

1999 – 2003

Generalsekretär des Sachverständigenrates zur Begutachtung der gesamtwirtschaftlichen Entwicklung

1997 – 1999

Mitarbeiter beim Internationalen Währungsfonds in Washington D.C.

1997

Promotion (Dr. rer. pol.) an der Universität Bonn

1994 – 1997

Wissenschaftlicher Mitarbeiter am Institut für Internationale Wirtschaftspolitik der Universität Bonn

1987 – 1993

Studium der Volkswirtschaftslehre an der Université de Droit, d'Economie et des Sciences: Aix-Marseille III sowie an der Rheinischen Friedrich-Wilhelms-Universität Bonn, Studienaufenthalt bei der Banque de France. Abschluss als Diplom-Volkswirt

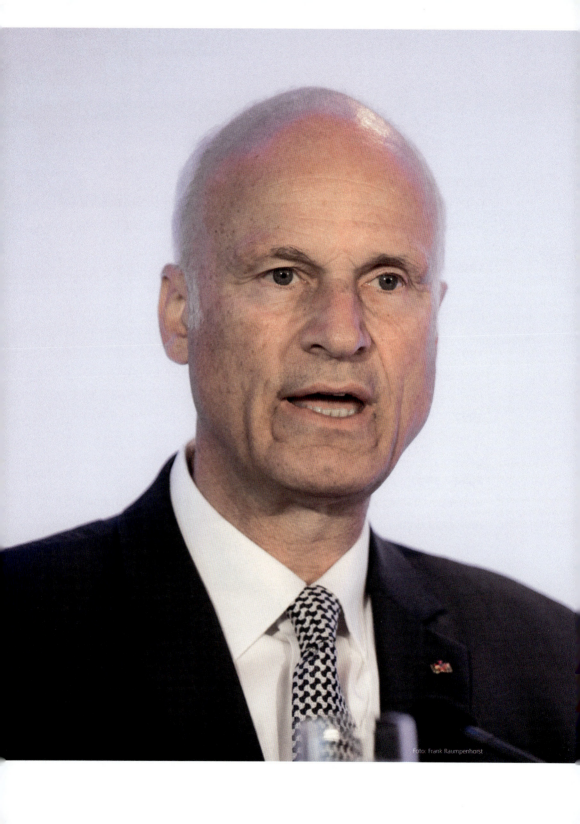

Foto: Frank Raumpenhorst

Carl-Ludwig Thiele
Zahlungsverkehr und Wertpapierabwicklung – Herausforderungen aus Sicht der Bundesbank

Carl-Ludwig Thiele
Mitglied im Vorstand der
Deutschen Bundesbank

Video-Beitrag
auf YouTube.com

Lieber Herr Präsident Weidmann, lieber Herr Mersch, lieber Herr Otto, meine sehr geehrten Damen und Herren,

wir sprechen heute über die Herausforderungen im Zahlungsverkehr und in der Wertpapierabwicklung in Deutschland und darüber hinaus. Es wurde schon deutlich, Herausforderungen gibt es viele. Sie scheinen sogar quantitativ und qualitativ an Bedeutung zu gewinnen.

Jedoch bin ich hier Optimist. Mein Optimismus gründet sich auf eine langjährige Erfahrung mit der Branche der Zahlungsdienstleister und Abwickler. Auch SEPA lief letztlich reibungslos. Aber noch mehr hat mich die erfolgreiche Migration des deutschen Marktes Anfang des Jahres auf TARGET2-Securities (T2S) beeindruckt.

Gerade bei großen Herausforderungen arbeitet die Branche vertrauensvoll und professionell zusammen. Ein ganz großes Kompliment daher an alle Beteiligten.

Mein Optimismus stützt sich auch auf den gepflegten Austausch in der Branche. Miteinander reden ist der erste Schritt zu einer Verständigung und für eine gemeinsame Lösung. In diesem Sinne verstehen wir auch unser Symposium heute.

Wir wünschen uns dabei einen konstruktiv-kritischen und offenen Meinungsaustausch.

1 Herausforderung Instant Payments

Meine sehr geehrten Damen und Herren,

wir befinden uns mitten in der digitalen Revolution: Eine Welt ohne Smartphones und Tablets ist kaum noch vorstellbar. Diese schaffen einerseits neue Möglichkeiten für die Anbieter von Zahlungsdiensten, andererseits erhöhen sich auch die Erwartungen der Nutzer.

Gerade für die Jüngeren ist es kaum verständlich, warum noch fast 80 Prozent aller Bezahlvorgänge im Alltag mit dem Bargeld völlig analog abgewickelt werden. Wäre es mit dem Smartphone nicht schneller, praktischer und auch eleganter? Das fragen sich nicht nur unsere „Digital Natives". Auf diese Möglichkeit haben bisher auf der Anbieterseite vor allem die „Digital Natives" reagiert: die sogenannten FinTechs.

Diese überzeugen meist mit pfiffigen Ideen, viel Mut, einem sehr nutzerfreundlichen Angebot und sehr agiler IT-Infrastruktur. Allerdings besteht für FinTechs die Herausforderung, ausreichend Zahler und Zahlungsempfänger zu überzeugen, um eine kritische Marktgröße zu erreichen.

Hier treffen sich die Interessen von FinTechs und Kreditwirtschaft. Die einen bringen lang gewachsene und verlässliche Kundenbeziehungen mit, die anderen haben die Ideen, wie man für die Kunden neue zusätzliche digitale Dienste in kurzer Zeit entwickeln kann.

Die Digitalisierung schafft aber nicht nur Herausforderungen für die Wettbewerber, sondern auch für die Regulierung. Plötzlich geht es nicht nur um klassische rechtliche Themen wie etwa Haftungsregelungen, sondern um Vorgaben für die Ausgestaltung von technischen Schnittstellen. Bei der Überarbeitung der Zahlungsdiensterichtlinie (PSD2) nähern wir uns hier langsam der Zielgeraden. Die Regulatory Technical Standards der EBA (European Banking Authority) liegen vor.

Wie zu hören ist, sieht die EU-Kommission in einigen Aspekten wohl noch Änderungsbedarf, und zwar konkret bei den Vorgaben zur Ausgestaltung der Konto-Schnittstelle für sogenannte Drittanbieter. Dieses mittlerweile über zwei Jahre andauernde Ringen mit der Materie zeigt, wie schwierig es ist, in der neuen digitalen Welt zu ausgewogenen Lösungen zwischen Drittanbietern und Kreditinstituten zu kommen.

Doch es ist nun an der Zeit, hier die Vorgaben festzuziehen, sodass die Regelung wirklich die erhofften Anreize liefern kann, neue Angebote zu schaffen. Klare Verhältnisse und Rechtssicherheit sind nötig, damit Banken und Zahlungsinstitute ihren Kunden neue innovative Dienste auf Basis eines geregelten Zugangs zu ihren Konten anbieten können. Dabei sollten die Marktteilnehmer dann auch sicherstellen, dass die entstehenden Lösungen zumindest interoperabel sind. Denn die SEPA-Idee kann sich nur dann voll entfalten, wenn wir auch im Hinblick auf neuere Entwicklungen keine Re-Fragmentierung des europäischen Zahlungsverkehrs zulassen.

Generell können wir Zahler uns in den kommenden Jahren auf attraktivere Angebote freuen. Instant Payments tragen mit einem echten Mehrwert für den Kunden wesentlich dazu bei. Vorausgesetzt, die Banken machen ihren Kunden attraktive Angebote. Dazu gehört für die Privatkunden auch, dass sie einfach mit einer Smartphone-App zahlen können. Die Adressierung sollte per Mobilfunknummer oder E-Mail-Adresse möglich sein, die mit der IBAN des Zahlungsempfängers verbunden sind.

Dies ist schon auf nationaler Ebene eine Herausforderung. So gibt es in Deutschland mittlerweile schon mehrere Dienste, die P2P-Zahlungen ermöglichen. Und weitere sind angekündigt. Erfahrungsgemäß werden solche Angebote nur dann ein Erfolg, wenn sie bankenübergreifend eine durchgängige Erreichbarkeit sicherstellen. Und noch größer ist die Herausforderung natürlich, wenn es um die europaweite Erreichbarkeit in SEPA geht.

Aber mit den Herausforderungen bin ich noch nicht ganz durch. Neben Digitalisierung und Harmonisierung des Zahlungsverkehrs in Europa sind es die Googles, Apples, Facebooks, Amazons und Alibabas dieser Welt. Sie könnten als mächtige Wettbewerber im Zahlungsverkehr auftreten. Sie könnten sogar den Markt für Zahlungsdienste erheblich verändern, indem der Zahlungsverkehr nur noch zu einem Dienst einer Plattform wird, die zunehmend nahezu alle Bedürfnisse erfüllen und damit die Kunden möglichst in allen Belangen an sich binden kann.

Wie sich diese Art von Angeboten langfristig mit Wettbewerb und Datenschutz verknüpfen lassen, ist eine noch ungelöste, aber drängende Frage. Denn hiervon hängt unsere Zukunft im Zahlungsverkehr ab. Für uns muss eine hohe Priorität darin bestehen, die Digitalisierung des europäischen Zahlungsverkehrsmarktes voranzubringen und nicht gegenüber anderen Regionen ins „Hintertreffen" zu geraten oder im digitalen Zeitalter von einer Lokomotive mit Zugkraft zu einem Anhänger zu werden. Dieses ist für mich eine der wesentlichen Schlüsselfragen, die von Anbietern, Nutzern und Regulatoren zu beantworten ist.

2 Herausforderung Blockchain

Neue Technologien – hier unter dem Stichwort „Digitalisierung" – können zwei verschiedene Wirkungen haben: Sie können bestehende Verfahren und Prozesse effizienter machen. Sie können aber auch neue Geschäftsfelder ermöglichen.

Das zweite vorherzusehen und sich darauf angemessen vorzubereiten, ist die ungleich größere Herausforderung. Lassen Sie mich das mit einem Zitat untermauern. Anlässlich der gegenwärtig stattfindenden Eishockey-Weltmeisterschaft möchte ich Wayne Gretzky („The Great One"), den wohl fähigsten Eishockeyspieler in der Geschichte der National Hockey League zitieren. Gretzky sagte: „Ein guter Spieler spielt da, wo der Puck ist. Ein herausragender Spieler jedoch spielt da, wo der Puck sein wird."

Wie beim Eishockey gilt das auch im Zahlungsverkehr und in der Abwicklung. Manchmal müssen wir uns mit neuen Technologien allein aufgrund der vorhandenen Indizien, dass sie bestehende Prozesse verändern und möglicherweise ganz neue Strukturen ermöglichen können beschäftigen.

Beschäftigung mit Blockchain
Ich spreche über die Blockchain- bzw. die Distributed-Ledger-Technologie.

Um es gleich vorweg zu sagen: Die Deutsche Bundesbank möchte den Hype um diese Technik nicht befördern, aber wir beschäftigen uns seit geraumer Zeit aktiv mit den Chancen und Risiken dieser Technologie.

Als Betreiber von großen Marktinfrastrukturen müssen wir neue Basistechniken verstehen und zwar aus eigener Anschauung. Nachlesen in bunten Bulletins oder Zitieren vom Hörensagen wäre zu wenig. Wir wollen selber praktisch ausprobieren, experimentieren und dann analysieren, um eine eigene Einschätzung zu haben.

Dies tun wir auch im Rahmen unserer aktiven Rolle in der Zahlungsverkehrspolitik und nicht zuletzt zur Unterstützung unserer Aufgaben in der Aufsicht über Finanzmarktinfrastrukturen.

Die Blockchain ist von der Finanzindustrie aktiv aufgegriffen worden und hat sich längst von ihrer Herkunft, als Technik hinter Bitcoin, emanzipiert.

Virtuelle Währungen

Bitcoin, noch immer die dominierende virtuelle Währung, ist weiterhin ein interessantes Nischenphänomen. Ich habe wiederholt davor gewarnt, Bitcoin-Anlagen als sicher anzusehen.

Es bleibt eben eine virtuelle Währung, die keine reale Wertgrundlage hat.

Gelegentlich wird unterstellt, Zentralbanker fürchteten den Wettbewerb der Währungen und würden virtuelle Währungen ungerechtfertigt in eine „Schmuddelecke" stellen.

Meine Damen und Herren, wir Zentralbanker haben aber die Pflicht, für einen sicheren und effizienten Zahlungsverkehr zu sorgen. Im Rahmen dieses Sorgeauftrages legen wir großen Wert auf eine stabile Währung, die in sicheren und effizienten Zahlungsverkehrssystemen umläuft. Wir agieren zudem ohne kommerzielle Interessen, ohne Gewinnerzielungsabsicht.

Und im Rahmen dieses Auftrags müssen wir auch auf Schwächen anderer Zahlungsmittel hinweisen. Zentralbankgeld ist eine Verbindlichkeit der emittierenden Zentralbank. Das Vertrauen in die Zentralbank als Institution, in die handelnden Personen in der Zentralbank und nicht zuletzt in den dahinter stehenden Staat stützt die Währung.

Geschäftsbankengeld ist immer eine Forderung an eine Geschäftsbank. Aber wenn es um die finale Abwicklung zumal großer Beträge geht, dann wollen die Marktakteure normalerweise sicheres und liquides Zentralbankgeld haben.

Hinter virtuellen Währungen dagegen steht niemand. Es wird tatsächlich aus dem Nichts geschaffen von Personen, die meist nicht mit Klarnamen bekannt sind und nach Regeln, über die ein unbekanntes Gremium entscheidet.

Virtuelles Geld verbrieft keine Forderung. Manche Proponenten vergleichen es daher mit Warengeld, zum Beispiel mit Gold oder Zigaretten (nach dem Zweiten Weltkrieg). Doch auch dieser Vergleich hinkt. Waren haben einen Gebrauchs- oder Verbrauchswert als Wertbasis. Man kann sie benutzen oder konsumieren. Virtuelles Geld dagegen hat nur den Tauschwert am Markt. Wenn Ihnen keiner mehr Bitcoins abnimmt, können Sie nichts damit anfangen.

Blockchain als Technik im Finanzsektor

Viel interessanter erscheint uns als Transaktionstechnik die Blockchain bzw. die Distributed Ledger-Technologie. Als wir begannen uns mit der Blockchain zu beschäftigen, war für uns von Anfang an klar, dass wir einige der Eigenschaften der Bitcoin-Blockchain im Finanzsektor nicht anwenden können.

Wenn die Blockchain verwendet werden soll, dann muss sie an die Finanzwelt angepasst werden, nicht umgekehrt. Dazu gehören Basisprinzipien wie:

– Wahrung der Vertraulichkeit, also ein striktes „Need-to-Know-Prinzip" für alle Datentransfers.
– Keine anonymen oder pseudonymen Teilnehmer oder Transaktionen: Wir kämpfen auch weiterhin gegen Geldwäsche und Terrorismusfinanzierung.
– Transparente und klare Governance: Jedes System braucht einen verantwortlichen Betreiber.

– Finalität der Transaktionen: Wir brauchen Rechtssicherheit über die getätigten Transaktionen, und zwar idealerweise schnell.

Und dazu kommen noch die nicht-funktionalen Anforderungen, die wir an heutige Systeme stellen: Effizienz, Skalierbarkeit, Sicherheit und Stabilität. Gerade im Hinblick auf Bitcoin darf man nicht außer Acht lassen, dass es zwar für den Zahler mit geringen oder überhaupt keinen Entgelten einhergeht, aufgrund der zugrundeliegenden, sehr energieintensiven Abstimmverfahren aber ganz weit von der Effizienz entfernt ist, die heute in modernen Finanzmarktinfrastrukturen als Maßstab gelten muss.

Auf Initiative der Bundesbank haben wir zusammen mit der Deutschen Börse einen Prototypen gebaut, mit dem wir Wertpapiertransaktionen und Zahlungen blockchainbasiert abwickeln können. Dabei sind die von mir gerade erwähnten Prinzipien strikt eingehalten.

Mehr noch, der Prototyp ist so gebaut, dass er prinzipiell die geltenden Regularien für Finanztransaktionen erfüllen könnte. Das war uns sehr wichtig.

Wir haben gelernt, dass dies auch mit einer Blockchain funktionieren kann. Noch sind die Basisblockchains, in unserem Fall: Hyperledger Fabric, selbst in der Entwicklungsphase. Aber wir sind überzeugt, dass unsere funktionalen Anforderungen prinzipiell erfüllbar sind.

In der derzeit laufenden Phase unseres Prototypen gehen wir dazu über, auch die nicht-funktionalen Anforderungen zu testen. Wir bauen ihn so um, dass wir realitätsnahe Last- und Performanztests durchführen können.

Dann werden wir sehen, wie es um die Skalierbarkeit bestellt ist, wie effizient die Technik sein kann, wie stabil die Abwicklung auch bei großen Stückzahlen läuft und möglicherweise auch, wie teuer die Abwicklung in der Realität werden könnte. Die Benchmark bilden natürlich unsere gegenwärtigen Systeme und Finanzmarktinfrastrukturen, die ich insgesamt für sehr leistungsfähig und effizient halte.

Neben den eigenen Entwicklungsarbeiten verfolgen wir natürlich die Marktentwicklungen genau. Wir stehen im laufenden Austausch mit führenden Blockchain-Anbietern und einschlägig tätigen Finanzinstituten.

Nicht zuletzt gibt es zu praktisch allen Facetten der Technik Arbeitsgruppen, in denen sich Vertreter der Zentralbanken austauschen. Da geht es dann nicht mehr allein um die Technik, sondern auch um weiterführende Fragen, etwa die nach der Emission digitalen Zentralbankgeldes.

Dazu heute nur so viel: Wir wissen um den Wunsch vieler Marktteilnehmer, auch mit stabilem digitalem Geld auf der Blockchain bezahlen zu können. Die Auswirkungen auf den geldpolitischen Transmissionsprozess, auf die Geldnachfrage, auf die Geschäftsmodelle der Banken und auf die Finanzstabilität sind jedoch noch zu wenig erforscht. Daher tun wir gut daran, nicht vorschnell zu handeln. Unser Kerninteresse ist derzeit ein Erkenntnisinteresse.

Möglicherweise hört sich das für den ein oder anderen sehr skeptisch an. Hört man doch sonst die Rede von der „disruptiven" Technik, die eine ganz neue Wirtschaftsstruktur ermöglichen könnte.

Wir als Zentralbank verfolgen eine ausgewogene Herangehensweise. Wir sind aufgeschlossen für neue Ideen und wollen aktiv etwas über die Chancen und Risiken neuer Techniken lernen. Wir betreiben dies allerdings mit dem Realismus einer operativ tätigen großen Notenbank.

3 Schluss

Meine Damen und Herren,

ich habe im Kern zwei Herausforderungen unserer Branche erörtert. Zwei, die mir derzeit besonders am Herzen liegen: Instant Payments und Blockchain. Es gibt ungleich mehr Herausforderungen.

Denken Sie dabei zum Beispiel an den zunehmenden Wettbewerb durch globale Technologiekonzerne. Damit meine ich nicht nur die Internet-Giganten Google, Apple, Facebook, Amazon. Nein, auch die großen drei Anbieter aus China – Baidu, Alibaba und Tencent – sollten nicht unterschätzt werden. Allein die monatlichen Nutzerzahlen sind erstaunlich: Mit Baidu durchsuchen fast 700 Millionen Chinesen das Internet von ihrem Smartphone aus,[1] mit Alibaba's Alipay zahlen über 400 Millionen Käufer mobil, und über 800 Millionen Mobilfunknutzer erhalten und senden Geld über Tencent's WeChat, ein Messaging Dienst mit integrierter P2P-Zahlungsfunktion.[2]

Ich freue mich nun auf Ihre Beiträge und Ihre Sicht der Dinge. Um noch einmal Wayne Gretzky zu bemühen: Sagen Sie uns: Wo sehen Sie den Puck in naher Zukunft? Wo wird der Puck sein?

---

[1] https://de.statista.com/statistik/daten/studie/542963/umfrage/monatlich-aktive-nutzer-der-mobilen-suche-von-baidu-quartalszahlen/
[2] Citi, Digital Disruption Revisited, January 2017

Lebenslauf

Carl-Ludwig Thiele
Mitglied im Vorstand der Deutschen Bundesbank

seit Mai 2010
Mitglied des Vorstands der Deutschen Bundesbank
Aktuell zuständig für die Bereiche Bargeld, Controlling, Rechnungswesen und Organisation sowie Zahlungsverkehr und Abwicklungssysteme

Tätigkeiten außerhalb der Zentralbank

- Institut Finanzen und Steuern, Berlin (Kuratoriumsmitglied)
- Deutsche Bundesstiftung Umwelt, Osnabrück (Kuratoriumsmitglied)
- Stiftung "Geld und Währung", Frankfurt (Mitglied des Stiftungsrates)
- Stiftung Institute for Law and Finance, Frankfurt (Kuratoriumsmitglied)
- Institut für bankhistorische Forschung, Frankfurt (Kuratoriumsmitglied)

2002 – 2010
stellv. Vorsitzender der FDP-Bundestagsfraktion

1998 – 2005
stellv. Vorsitzender des Finanzausschusses des Deutschen Bundestages

1994 – 2010
Mitglied des Vermittlungsausschusses zwischen Bundestag und Bundesrat

1994 – 1998
Vorsitzender des Finanzausschusses des Deutschen Bundestages

1990 – 1994

Mitglied im Haushaltsausschuss des Deutschen Bundestages

1990 – 2010

Mitglied des Deutschen Bundestages

seit 1983

Rechtsanwalt in Osnabrück

1980 – 1982

Referendariat; 2. juristisches Staatsexamen

1974 – 1980

Studium der Rechtswissenschaften in Erlangen und Münster; 1. juristisches Staatsexamen

1973

Wehrdienst

1972

Abitur am Gymnasium Carolinum Osnabrück

Foto: Frank Raumpenhorst

Yves Mersch
Der europäische Zahlungsverkehr im Umbruch

Yves Mersch
Mitglied des Direktoriums der EZB

Video-Beitrag auf YouTube.com

1 Einleitung

Fintech hat den Boden für die Entwicklung und Umsetzung innovativer Finanzdienstleistungen bereitet, die den Anforderungen der Nutzer in Bezug auf Geschwindigkeit und Komfort besser gerecht werden. Handel, vor allem der elektronische Handel, Produktivität und Wirtschaftswachstum können von Innovationen profitieren, die einen besseren Service mit sich bringen.

Um sein im Vertrag verankertes Mandat zu erfüllen, ist das Eurosystem entschlossen, mit Innovationen im Bereich der Finanzdienstleistungen Schritt zu halten, ohne dabei die Gewährleistung von Sicherheit und Effizienz der Finanzmarktinfrastruktur aus den Augen zu verlieren. Wir müssen auf die zunehmende Digitalisierung der Gesellschaft reagieren, die innovative und effiziente Dienstleistungen mit Auswirkungen auf das Leben aller Europäer bringt. Im Zusammenhang mit diesen

Entwicklungen lässt sich unter den Endverbrauchern ein Bedarf an Echtzeitzahlungslösungen beobachten. Die Branche muss Lösungen liefern, die der Innovation den Rücken stärken, auch mit Blick auf den weltweiten Wettbewerb. Europa verfügt über die nötige Innovationskraft und kann integrierte Lösungen für alle Marktteilnehmer – Einzelpersonen, die Branche und Händler – liefern. Dabei sollten wir alles daran setzen, nicht hinter der Entwicklung zurückzubleiben. Wir müssen also dafür sorgen, dass die Verbraucher in Europa in Echtzeit und mit einer sicheren sowie soliden Marktinfrastruktur ohne grenzüberschreitende Einschränkungen zahlen können – so wie es beim Bargeld bereits möglich ist. Die EZB wird deshalb sicherstellen, dass den Verbrauchern beim Zahlungsverkehr alle Möglichkeiten offen stehen und der nötigen Marktinfrastruktur den Weg ebnen, die für die Akzeptanz von Echtzeitzahlungen in ganz Europa erforderlich ist. Dabei verfolgt die EZB einen vollständig integrierten Ansatz, um heimische Lösungen für den Euro zu fördern. Die Verbraucher können weiterhin die Zahlungsmethode wählen, die ihnen am ehesten zusagt. Echtzeitzahlungen werden bald zu unserem Alltag gehören und für die kommende Generation dürften sie das Zahlungsmittel erster Wahl sein.

Der Erfolg innovativer Finanzdienstleistungen hängt jedoch von einem klaren rechtlichen und regulatorischen Rahmen ab. Die Neufassung der Richtlinie über Zahlungsdienste (Payment Services Directive – PSD2) und die technischen Regulierungsstandards (Regulatory Technical Standards – RTS) schaffen die nötigen Voraussetzungen. Die europäischen Instanzen müssen ihre Anstrengungen fortsetzen. Sie sollten den Rechtsrahmen soweit erforderlich ergänzen, im Sinne der Rechtssicherheit eine Reihe von Aspekten klären und eine einheitliche Umsetzung in den einzelnen Mitgliedstaaten sicherstellen.

Abseits der rechtlichen Anforderungen ist es schließlich unerlässlich, dass sich die Marktakteure hinsichtlich der erforderlichen technischen, operationellen und geschäftlichen Voraussetzungen auf eine gemeinsame Linie einigen.

Ich möchte heute näher auf diese Themen eingehen und mich dabei auf zwei für die Verwirklichung innovativer Finanzdienstleistungen wesentliche Punkte konzentrieren:

1. die grundlegende Marktinfrastruktur für Finanzdienstleistungen und

2. den zugrunde liegenden Rechtsrahmen, der den Erfolg von Innovationen am Zahlungsmarkt ermöglicht.

In meinen Ausführungen werde ich den Schwerpunkt auf Echtzeitzahlungen und Dienste für die Zahlungsinitiierung legen.

2 Entwicklung der Eurosystem-Marktinfrastruktur

Für die Schaffung eines integrierten Finanzmarkts in Europa ist eine solide und effiziente Marktinfrastruktur unerlässlich. Das Eurosystem entwickelt die Marktinfrastruktur kontinuierlich weiter, damit sie den Bedürfnissen und Anforderungen des Markts gerecht wird. Im Herbst 2016 fiel der Startschuss für eine Sondierung bezüglich der weiteren Entwicklung unserer Marktinfrastruktur. In diesem Zusammenhang sind vor allem folgende Projekte zu nennen:

1. TARGET Instant Payment Settlement (TIPS) und

2. Konsolidierung von TARGET2 und TARGET2-Securities (T2S).

In nur einem halben Jahr wurden bereits deutliche Fortschritte erzielt.

TIPS und die Konsolidierung von TARGET2 und T2S sind eng miteinander verknüpft. Sollten diese Projekte in den nächsten Wochen grünes Licht erhalten, werden TARGET2, T2S und TIPS eine modulare Struktur mit einer Reihe gemeinsamer

Elemente und einem zentralisierten Liquiditätsmanagement aufweisen. Das zentralisierte Liquiditätsmanagement bündelt alle erforderlichen Funktionen, sodass den Teilnehmern ein Liquiditätsmanagement über sämtliche Dienste des Eurosystems hinweg möglich ist. Dank der neuen Kontenstruktur können Teilnehmer die verfügbare Zahlungskapazität während der Geschäftszeiten eines der angeschlossenen Dienste nutzen, ohne dass die Geschäftszeiten der verschiedenen Dienste aufeinander abgestimmt werden müssen. Anfang Mai wurde eine Marktkonsultation zu den Nutzeranforderungen für diese Dienste eingeleitet. Wir hoffen auf eine rege Beteiligung der Marktteilnehmer.

Laut einer Marktkonsultation zu TIPS, die Anfang des Jahres durchgeführt wurde, besteht allgemein ein großes Interesse am Thema Echtzeitzahlungen und insbesondere auch an den möglichen Diensten, die TIPS bietet. Die Rückmeldungen zu dem vorgeschlagenen TIPS-Dienst waren insgesamt äußerst positiv. Unter anderem haben wir näher erläutert, wie sich TIPS in die künftige europäische Marktinfrastruktur einfügt, vor allem im Hinblick auf das Zusammenspiel mit automatisierten Clearinghäusern (ACH).

Mit der TIPS-Initiative reagiert das Eurosystem auf die „Beschleunigung" unseres Alltags. In Europa gibt es einen immer größeren Wunsch nach der Möglichkeit, in Echtzeit zu zahlen, so wie die Menschen auch jederzeit auf Musik, Nachrichten und Verkehrsmeldungen zugreifen können. Mit der TIPS-Initiative soll die notwendige Infrastruktur für die europaweite Abwicklung von Echtzeitzahlungen geschaffen werden. Die Initiative kann also einen Beitrag zu einer gesamteuropäischen Perspektive leisten und einer erneuten Fragmentierung infolge der Entwicklung einzelstaatlicher Lösungen vorbeugen, die unter Umständen überhaupt keinen oder einen lediglich begrenzten länderübergreifenden Betrieb ermöglichen.

TIPS ist als Ergänzung der Clearingdienste der ACH gedacht. Das Zusammenspiel dieser Dienste kann eine europaweite Erreichbarkeit sicherstellen. Es deutet einiges darauf hin, dass Echtzeitzahlungen in Euro mit ACH allein auf europaweiter Ebene nicht umzusetzen sind. Zusammen mit TIPS hingegen können die ACH ihre Erreichbarkeit auf ganz Europa ausweiten, sofern es sich bei den Teilnehmern des ACH um Teilnehmer an TIPS oder über TIPS erreichbare Parteien handelt.

Auch die Rückmeldungen zum erwarteten Volumen, die im Zuge der Marktkonsultation eingingen, sind äußerst ermutigend. Die ursprünglichen Schätzungen des Eurosystems wurden deutlich übertroffen. Dies gilt sowohl für das Gesamtvolumen am Markt als auch für das Volumen, das die Marktteilnehmer voraussichtlich über TIPS abwickeln wollen. Beim Betrieb von TIPS unter voller Kostendeckung sollte dies zu attraktiveren Preisen führen.

3 Die Zukunft der Zahlungsverkehrslandschaft

Damit ein integrierter Finanzmarkt erfolgreich sein kann, müssen Gesetzgeber und Regulierungsbehörden für einen eindeutigen Rechtsrahmen sorgen, sodass innovative Zahlungsdienstleistungen für den gesamten europäischen Markt entwickelt werden können. Indem wir die Anforderungen festlegen, die innovativen Unternehmen einen unkomplizierten, sicheren und effizienten Marktzutritt ermöglichen, können wir den Wettbewerb fördern und gleichzeitig dafür sorgen, dass die Nutzer von FinTech-Innovationen profitieren.

Die Neufassung der PSD2, die bis Januar 2018 in nationales Recht umzusetzen ist, zielt darauf ab, die europaweite Konkurrenz und Beteiligung in der Zahlungsverkehrsbranche zu erhöhen, unter anderem auch in Bezug auf Nichtbanken. Gleichzeitig soll sie für gleiche Wettbewerbsbedingungen sorgen, indem sie die Anforderungen für den Verbraucherschutz sowie die Rechte und Pflichten der Anbieter und Nutzer von Zahlungsdienstleistungen festlegt.

In den letzten Jahren sind neue Drittanbieter (Third-party Providers – TPP) auf den

Plan getreten, die Zahlungsinitiierungs- und/oder Kontoinformationsdienste am Anfang der Wertschöpfungskette anbieten. Die Europäische Bankenaufsichtsbehörde (EBA) hat Level-2-Maßnahmen für eine starke Kundenauthentifizierung und eine sichere Kommunikation entwickelt. Sie sollen für die notwendigen Schutzmechanismen sorgen, um die Sicherheit von Zahlungsdienstleistungen zu gewährleisten. Die EBA hat der Europäischen Kommission eine Überprüfung der technischen Regulierungsstandards vorgelegt. Die Europäische Kommission wird bis Ende des Monats darüber befinden, ob sie den technischen Regulierungsstandards zustimmt oder Änderungen verlangt, bevor sie die Neufassung dem Europäischen Parlament und dem Rat der Europäischen Union zur Annahme vorlegt. Nach erfolgter Annahme bleibt den Zahlungsdienstleistern für die Umsetzung der Standards 18 Monate Zeit. Aktuell sehen sich die Marktteilnehmer im Hinblick auf die endgültige Form des Rechtsrahmens nach wie vor einer Reihe von Unsicherheiten gegenüber. Daher begrüße ich die Anstrengungen der europäischen Instanzen, diese Fragen so rasch wie möglich zu klären, um den Markt bei der Umsetzung des neuen Rechtsrahmens zu unterstützen. Ich möchte insbesondere drei Bereiche hervorheben:

Erstens ist der Rechtsrahmen in seiner aktuellen Form noch unvollständig. Ein wichtiger Aspekt ist in diesem Zusammenhang die Frage nach der Schnittstelle, die TPP für den Zugang zu kontoführenden Zahlungsdienstleistern (Account Servicing Payment Service Providers – ASPSP) nutzen: Wird es sich dabei um eine sogenannte dedizierte Schnittstelle oder um einen Direktzugang handeln? Diesbezüglich muss die EU-Regulierungsbehörde noch festlegen, ob es eine oder zwei Schnittstellen geben soll, und in letzterem Fall, unter welchen Umständen sie jeweils genutzt werden können.

Zweitens müssen die Regulierungsbehörden in Bezug auf eine Reihe von Aspekten des Rechtsrahmens eine größere rechtliche Klarheit schaffen. Einer dieser Aspekte ist der „Europäische Pass", d. h. die Bedingungen, unter denen ein in einem Land zugelassener TPP seine Dienstleistungen in der gesamten EU erbringen kann.

Ein weiterer Aspekt ist schließlich der spezifische rechtliche Rahmen, der zwischen der Umsetzung der PSD2 in nationales Recht bis Januar 2018 und dem Inkrafttreten der RTS im Jahr 2019 gültig ist.

Die zuständigen Stellen sollten einen einheitlichen Ansatz verfolgen und bei der Umsetzung der PSD2-Anforderungen nicht ohne guten Grund Ermessensspielräume ausnutzen, damit die Wettbewerbsgleichheit gewahrt bleibt. Dies gilt insbesondere für den bereits erwähnten Zeitraum zwischen der Umsetzung der PSD2 in nationales Recht und dem Inkrafttreten der RTS. Dass die Verpflichtung der TPP, sich gegenüber den ASPSP zu identifizieren, in Mitgliedstaaten unterschiedlich gehandhabt werden könnte, scheint beispielsweise nicht realistisch.

Mit einem sachgerechten Regulierungsrahmen und einer integrierten Marktinfrastruktur ist der Grundstein bereits gelegt worden. Die PSD2 kann jedoch nicht sämtliche Probleme lösen. Wir haben innerhalb des Euro Retail Payments Board eine Arbeitsgruppe gegründet, die die technischen, operationellen und geschäftlichen Anforderungen für Dienste zur Zahlungsinitiierung festlegen wird. Diese Arbeit stellt eine Herausforderung dar, da die Auffassungen unter den Beteiligten auseinandergehen. Es ist von grundlegender Bedeutung, dass ein harmonisierter Ansatz und gemeinsame Geschäftspraktiken festgelegt werden, damit die betreffenden Anbieter auf integrierter Basis Zahlungsdienstleistungen in ganz Europa anbieten können. In diesem Sinne hoffe ich auf die Kooperation der Marktteilnehmer, die es uns ermöglicht, eine konstruktive Lösung zu finden, die für den Markt von Nutzen ist und dem Geist der Rechtsvorschriften entspricht. Die jüngsten Gespräche deuten darauf hin, dass Fortschritte erzielt wurden, und ich hoffe, dass wir unsere Energie bündeln und einen Kompromiss finden können, von dem alle in Europa profitieren.

4 Schlussbemerkungen

Lassen Sie mich abschließend noch einmal festhalten: FinTech hat das Potenzial innovativer Finanzdienstleistungen freigesetzt, die Vorteile für Einzelpersonen und Unternehmen mit sich bringen können. Das Eurosystem ist entschlossen, mit Innovationen im Bereich der Finanzdienstleistungen Schritt zu halten, ohne dabei die Gewährleistung von Sicherheit und Effizienz der Finanzmarktinfrastruktur aus den Augen zu verlieren.

TIPS kann die Basisinfrastruktur für Echtzeitzahlungen in ganz Europa bilden. Mit TIPS werden die Grundlagen für eine erfolgreiche Entwicklung innovativer Zahlungsdienste geschaffen. Im Zusammenspiel mit den ACH-Diensten kann der TIPS-Dienst einen Beitrag zur europaweiten Erreichbarkeit leisten.

Damit die Ziele der PSD2 mit Blick auf Marktzugang, Innovation und gleiche Wettbewerbsbedingungen erreicht werden, bedarf es der Klärung und einheitlichen Umsetzung einer Reihe von Aspekten des rechtlichen und regulatorischen Rahmens, insbesondere wenn im Januar 2018 die PSD2 und im Laufe des Jahres 2019 die zugehörigen RTS in Kraft treten. In diesem Zusammenhang ist wichtig, dass sich die zuständigen Stellen mit den Auswirkungen der neuen Richtlinie und der zugehörigen technischen Regulierungsstandards auf Echtzeitzahlungen befassen.

Ich lade die im Euro Retail Payments Board vertretenen Marktakteure auch dazu ein, sich über die rechtlichen Anforderungen hinaus auf technische, operationelle und geschäftliche Anforderungen zu verständigen. Dieses Vorhaben kann gelingen, wenn die Beteiligten im Geiste einer guten Zusammenarbeit handeln.

Vielen Dank für Ihre Aufmerksamkeit.

Yves Mersch
Zahlungsverkehrssymposium 2017

Lebenslauf

Yves Mersch
Mitglied des Direktoriums der EZB

Yves Mersch ist Mitglied des Direktoriums der Europäischen Zentralbank (EZB). Seine achtjährige Amtszeit trat er am 15. Dezember 2012 an.

Vom 1. Juni 1998 bis zum 14. Dezember 2012 war Yves Mersch Präsident der Banque centrale du Luxembourg. Seit Errichtung der EZB im Jahr 1998 gehört er dem EZB-Rat und dem Erweiterten Rat der EZB an. Er zählt zu den Gründungsmitgliedern und ist das dienstälteste Mitglied dieser Beschlussorgane.

Yves Mersch absolvierte Postgraduiertenstudiengänge in internationalem öffentlichem Recht sowie in Politikwissenschaft und begann anschließend, im Jahr 1975, seine berufliche Laufbahn beim luxemburgischen Finanzministerium. Nach seiner Entsendung zum Internationalen Währungsfonds in Washington D.C. wurde er 1980 zum Mitglied der Ständigen Vertretung Luxemburgs bei den Vereinten Nationen in New York ernannt. 1981 kehrte er nach Luxemburg zurück und war für das Finanzministerium tätig. Als Staatskommissar war er von 1985 bis 1989 für die Aufsicht der Luxemburger Börse zuständig. In den Jahren 1983 bis 1999 war er Ratsmitglied des Luxemburger Währungsinstituts, der damaligen Bankenaufsichtsbehörde Luxemburgs.

Als persönlicher Repräsentant des luxemburgischen Finanzministers wirkte er an der Ausarbeitung des Maastrichter Vertrags mit.

2013 trat Yves Mersch dem Scientific Advisory Board des Systemic Risk Centre der London School of Economics and Political Science bei. 2014 wurde er zum Ehrenprofessor der Universität Luxemburg ernannt. Seit 2015 ist er Mitglied der bei der

Bank für Internationalen Zahlungsausgleich angesiedelten Central Bank Governance Group.

Yves Mersch wurde am 1. Oktober 1949 in Luxemburg geboren, ist verheiratet und hat zwei Kinder.

Foto: Frank Raumpenhorst

Dr. Andreas Martin
Mobiles Bezahlen in Deutschland – Zukunft oder Illusion?

Dr. Andreas Martin
Mitglied des Vorstands,
Bundesverband der Deutschen Volksbanken
und Raiffeisenbanken e. V.

Video-Beitrag auf YouTube.com

Es gehört in unserer durch Innovation geprägten Zeit zum guten Ton, Fragestellungen mit einem mindestens mittelfristigen Ausblick zu verbinden. „Zukunft oder Illusion" des mobilen Bezahlens ist so eine Fragestellung. Gleichzeitig sind wir jedoch alle in unseren Märkten damit konfrontiert, dass tagtäglich ein intensiver Wettbewerb um das Bezahlen im Handel und im E-Commerce tobt, der sich zunächst einmal auf die Zahlungsinstrumente und Technologien der Gegenwart bezieht. Um die Zukunft erfolgreich zu gestalten, gilt es daher, die Gegenwart souverän zu meistern, und das heißt: kundenorientiert, performant und sicher.

Wie die aktuellen Zahlen des Euro Handelsinstituts belegen, spielt das mobile Bezahlen jedenfalls bisher (2016) noch keine große Rolle: Der Anteil der mobilen und sonstigen Bezahlverfahren im Handel liegt gerade einmal bei 0,6%. Da ist selbst der Finanzkauf im Moment mit 2,5% noch besser positioniert. Führend bleiben das Bargeld mit 51,3% und die Kartenzahlung in ihren unterschiedlichen

Ausprägungen – als Debitkarte, als Kreditkarte, als Handelskarte und auch als kartengestützte ELV-Zahlung – mit zusammen 45,6%.

Aus diesen Potenzialen kann natürlich das mobile Bezahlen künftig schöpfen. Nach der Untersuchung der Initiative Deutsche Zahlungssysteme 2016 sagen immerhin 56% der 16- bis 29-jährigen, dass sie offen für das kontaktlose Bezahlen per Mobiltelefon sind. Interessanterweise sieht man hier auch schon unterschiedliche Begriffe: Mobiles Bezahlen auf der einen Seite (hier bleibt der Formfaktor noch offen), kontaktloses Bezahlen per Mobiltelefon auf der anderen Seite.

Für eine positive Prognose spricht eindeutig, dass die technischen Voraussetzungen weitgehend gegeben sind. Wir kennen ja aus der Geschichte des Zahlungsverkehrs die absolute Notwendigkeit, dass sich Ausgabe- und Akzeptanz-Infrastrukturen gleichgerichtet entwickeln müssen, damit sich Markterfolg einstellen kann. Hier sind wir auf Basis der NFC-Technologie bereits weit fortgeschritten: Die Mehrzahl der POS-Terminals im deutschen Einzelhandel ist NFC-fähig und das Gleiche gilt für moderne Mobiltelefone. Also wird ganz am Schluss der Kunde der entscheidende Faktor sein. Denn wir dürfen nicht vergessen, dass es immer wieder einer Willenserklärung des Kunden bedarf, wenn er an der Ladenkasse steht, wenn er am häuslichen PC im E-Commerce unterwegs mit seinem Mobiltelefon online einkauft. Es ist eine Willenserklärung, welche Geldbörse er zückt, welche Karte er zückt, welches Zahlungsverfahren er in seiner mobilen Wallet wählt. Und er wird natürlich ganz klar danach entscheiden, welches Zahlverfahren ihm in der jeweiligen Situation den meisten Nutzen stiftet. Das wird entscheidend sein für die Kundenakzeptanz neuer Bezahlverfahren im Vergleich zu etablierten, „gelernten" Verfahren.

Für den Markterfolg sind immer gleichermaßen die Kundenanforderungen der Verbraucher wie der Zahlungsakzeptanten maßgeblich. Es gibt Kundenanforderungen, die schlicht die Basis bilden, wie leichte intuitive Bedienbarkeit oder die rasche und zuverlässige Abwicklung von Zahlungsvorgängen. Auch ein faires Preis-Leistungs-Verhältnis wäre für mich so eine Basisanforderung, die in jedem Fall gegeben sein muss. Dann gibt es Anforderungen, die haben sehr viel mit Emotionen, mit Vertrauen zu tun: Hohe und glaubhafte Sicherheit sowie Datenschutz. Und es finden sich Anforderungen, die sehr stark mit dem gewählten Medium zusammenhängen: Natürlich sollte ein mobiles Bezahlverfahren möglichst mit allen gängigen Smartphone-Typen funktionieren, ebenso mit allen relevanten Kommunikationsanbietern. Denn möchte sich der Kunde zur Nutzung eines bestimmten Bezahlverfahrens langfristig auf einen ganz bestimmten Mobilfunk-Typ oder auf einen ganz bestimmten Telekommunikationsanbieter festlegen lassen? Auch Mehrwerte wie Loyalty- und Couponing-Programme möchte der Kunde wohl letztlich übergreifend nutzen können.

Es ist also durchaus ein Mix von Kundenanforderungen, dem sich die Zahlungssysteme im Wettbewerb stellen müssen. Natürlich ist aus der Perspektive der deutschen Kreditwirtschaft das Zahlungsverfahren „girocard" als Marktführer in Deutschland ganz besonders gefordert, sich neuen technologischen Entwicklungen zu stellen. 105 Millionen ausgegebene Karten, 796.000 angeschlossene Terminals, 2,93 Milliarden girocard-Transaktionen in 2016 mit einem Wachstum von zuletzt 13%. Das sind Zahlen, die durchaus in anderen Volkswirtschaften auf anderen Kontinenten geradezu Euphorie auslösen würden. Und natürlich muss dieses System mit täglich 7 Millionen Kundenkontakten am POS ganz besonders darauf achten, neue Technologien so umzusetzen, dass sie von den Nutzern auch verstanden werden. Das heißt, auf geübten Verhaltensweisen aufzusetzen und das über viele Jahre aufgebaute Vertrauen in die sichere Abwicklung nicht zu gefährden. Bargeld ist hier immer noch die entscheidende Messlatte: man weiß ganz einfach, dass es immer funktioniert.

Bargeld dominiert heute noch ganz klar bei Zahlungsbeträgen bis zu 50 Euro. In diesen Segmenten hat nun die neue kontaktlose girocard auf NFC-Basis enormes

Potenzial. Denn bei Beträgen unter 25 Euro entsteht ohne die sonst erforderliche PIN-Eingabe ein ganz neues Bequemlichkeitserlebnis beim Verbraucher und ein Schnelligkeitserlebnis beim Händler. Dass dies zu verstärkter Nutzung der Kartenzahlung führt, wissen wir aus unserem Pilotprojekt zum kontaktlosen Bezahlen in Kassel und Baunatal. Es gibt dort einzelne Verbrauchermärkte, in denen der Anteil der kontaktlosen Zahlungen unter 25 Euro inzwischen 30% beträgt. Kontaktloses Bezahlen über die dual interface Chipkarte ist dabei erst der Anfang, girocard kontaktlos findet zurzeit gerade auch den Weg ins Smartphone. In Einsatzumgebungen, in denen die Transaktionen immer unter 25 Euro liegen, kann man dies mit vereinfachten Terminals verbinden, die auf ein PIN-Pad verzichten und damit auch besonders kostengünstig sind.

Wie das gesamte girocard-System ist auch die kontaktlose girocard ein Standard der deutschen Kreditwirtschaft, der von allen Verbandsbereichen getragen wird. In der Kartenausgabe sind zunächst die Sparkassen und Genossenschaftsbanken vorangeschritten. Mehr als 15 Millionen girocards sind bereits im Markt, weitere mehr als 20 Millionen werden jeweils über die Hauptausstattungen 2017 und 2018 dazukommen.

Parallel steigt die Anzahl der ausgegebenen kontaktlosen Kreditkarten, auch in der genossenschaftlichen Finanzgruppe unter Federführung der DZ Bank. Die Goldkarten als Premiumprodukte waren hier die Vorreiter.

Sehr erfreulich ist, dass diese Entwicklung auf der Ausgabeseite gleichzeitig auf hohes Interesse des Handels stößt. Die kontaktlose Funktion wird ausdrücklich begrüßt und geradezu mit Begeisterung terminalseitig eingeführt. Nahezu der gesamte Lebensmitteleinzelhandel ist inzwischen dabei, eine erste Mineralölgesellschaft und eine erste Drogeriemarktkette ebenfalls. Ganz wichtig ist, dass alle großen Netzbetreiber als Mittler zwischen Handel und Banken girocard kontaktlos unterstützen.

Dann ist der Schritt von girocard kontaktlos zu girocard mobile in der Tat nur noch ein kleiner. Auch hierfür liegen die Spezifikationen in der deutschen Kreditwirtschaft vor, die verschiedene technologische Ausprägungen unterstützen. Es besteht die Möglichkeit, die girocard im SIM eines Mobiltelefons zu hinterlegen oder sie in eine Cloud-Lösung gemäß der HCE-Technik einzubringen, insbesondere für das Betriebssystem Android. Und es besteht die Möglichkeit, sie in einem Secure Element unterzubringen, für das Betriebssystem iOS. Natürlich wäre es effizienter, wenn die NFC-Schnittstelle für alle Betriebssysteme verfügbar wäre, aber hier spielt auch eine Menge Strategie und Geschäftspolitik der Systemanbieter eine Rolle. Letztlich muss jede Bank, jeder kreditwirtschaftliche Bereich für sich entscheiden, welche Lösungen für den roll out umgesetzt werden. Dabei werden dann auch die wirtschaftlichen Rahmenbedingungen individuell zu betrachten sein.

Die genossenschaftliche Finanzgruppe hat bereits Erfahrungen mit girocard mobile gesammelt. Seit Dezember 2016 testen Genossenschaftsbanken in Kassel und Baunatal gemeinsam mit Vodafone die SIM-Variante. Aufgrund der NFC-Technologie funktioniert das entsprechend ausgerüstete Smartphone bundesweit an allen kontaktlos ausgerüsteten Terminals. Und dabei ist es wiederum besonders bequem (und sorgt bei Kassenpersonal und Kunden für großes Interesse), Beträge unter 25 Euro mobil ohne PIN-Eingabe kontaktlos zu bezahlen. Gleichzeitig bereitet die genossenschaftliche Finanzgruppe die Einführung der HCE-Lösung vor, technisch bis Ende 2017, marktfähig in 2018. Da die Sparkassen ähnliche Pläne verfolgen, werden wir im Jahre 2018 bereits sehr konkrete mobile Realisierungen im deutschen Markt sehen. Auch für die Kreditkarte arbeiten wir gemeinsam in der genossenschaftlichen Finanzgruppe mit der DZ BANK an einem roll out für 2018.

Das Thema mobile Bezahlverfahren wäre ohne einen Blick auf die P2P-Verfahren nicht komplett behandelt. In der genossenschaftlichen Finanzgruppe ist diese Funktion als Bestandteil der VR-Banking-App im Menüpunkt „Geld senden und anfordern" umgesetzt. Sie ist damit in der Philosophie durchaus ein Vorgriff auf Instant Payments als künftige Funktionalität eines Girokontos und einer Banking-App. Unterhalb von 30 Euro können Transaktionen TAN-frei und komfortabel mit dem Smartphone auf den Weg gebracht werden. Der Wettbewerb in diesem Feld entwickelt sich dynamisch: Neben weiteren bankindividuellen Angeboten wird es eine entsprechende Funktion in paydirekt, dem gemeinsamen Internetbezahlverfahren der deutschen Kreditwirtschaft, geben. Und natürlich reihen sich auch weltweite Plattformanbieter von PayPal bis Google in den Wettbewerb ein. Um mit diesen konkurrieren zu können, brauchen wir in der Kreditwirtschaft Interoperabilität und gemeinsame Standards, die durchaus auch gemeinsam mit neuen Zahlungsdiensten genutzt werden können.

Zurück zur Eingangsfrage: Ist mobiles Bezahlen Zukunft oder Illusion? Die Gegenwart hatte ich beschrieben. Die Zukunft sehe ich weder als Illusion noch als Revolution, sondern eher als Evolution. Das mobile Bezahlen als „Payment 3.0" – in Fortsetzung des Bargeld- und des Kartenzeitalters – wird bis 2020 moderat an Marktanteil gewinnen, vor allem zu Lasten des Bargeldes. Es wird Nutzer geben, die begeistert mobile Zahlverfahren in möglichst vielen Situationen einsetzen werden, es wird Nutzer geben, die solche Verfahren fallweise einsetzen werden und es wird eine große Zahl von Anhängern gewohnter kartengestützter Zahlungsverfahren geben.

Bleibt am Schluss die spannende Frage, welche Rolle die Kreditwirtschaft in diesem Umfeld spielen wird? Wird sie nur Zaungast sein? Wird sie nur Bereitsteller von Basisinfrastruktur sein? Wird sie nur Abrechnungsstelle gegenüber den Kunden sein? Sie wird es selbst in der Hand haben. Es gibt genügend Spieler in diesem Ökosystem, auch mächtige Spieler, weltweite Plattformen, Hardwarehersteller, Mobilfunkbetreiber, die weltweiten Zahlungssysteme, die Betriebssystementwickler. Daneben wachen die Regulatoren und Notenbanken auch über neue Formen des Zahlungsverkehrs. Der Beitrag der Kreditwirtschaft kann vor allem darin bestehen, anerkannter und vertrauenswürdiger Mittler zwischen Verbrauchern und Akzeptanten zu sein. Es gilt auch künftig Bezahlverfahren bereitzustellen, die Sicherheit für beide Seiten genauso stiften, wie Effizienz für den Akzeptanten und Bequemlichkeit für den Verbraucher. Kontaktlose und mobile Bezahlverfahren, die je nach Kundenpräferenz in unterschiedlichen Formfaktoren abbildbar sind, weisen den Weg hierfür. Wir haben uns jedenfalls in der genossenschaftlichen Finanzgruppe vorgenommen, den Zahlungsverkehr weiterhin als ein Geschäftsfeld zu sehen und nicht nur als eine Basisinfrastruktur, die wir anderen Marktteilnehmern zur Verfügung stellen, die darauf ihr Geschäftsmodell gründen.

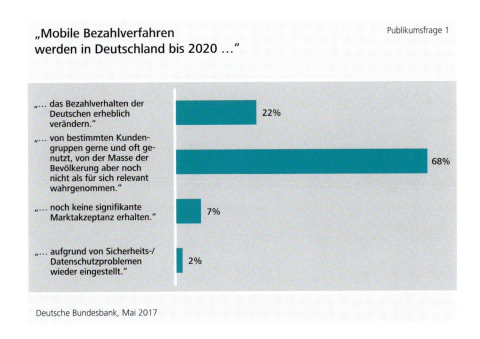

Dr. Andreas Martin
Zahlungsverkehrssymposium 2017

Lebenslauf

Dr. Andreas Martin

Mitglied des Vorstands,
Bundesverband der Deutschen Volksbanken und Raiffeisenbanken e. V.

* 29. November 1959, Hannover

2009

Vorstand des BVR; zuständig für Volkswirtschaft,
Betriebswirtschaft, Bankorganisation / IT, Zahlungsverkehr,
Personalmanagement, Service / Rechnungswesen

1999

Vorstandsmitglied DG VERLAG
sowie Mitglied der Geschäftsführung der Raiffeisendruckerei,
Wiesbaden/Neuwied

1992

Leiter der Abteilung Zahlungsverkehr und Automation des BVR;
maßgebliche Beteiligung an der Studie „Bündelung der Kräfte: Ein Verbund
– eine Strategie"

1989

Referent im Präsidenten- und Vorstandsbüro (Vorstandsstab) des BVR, Bonn

1984

Dozent für Grundlagen der Wirtschaft an der Teutloff-Schule Braunschweig;
Wissenschaftlicher Angestellter an der Professur VWL I (Sektion für Wirtschaftspolitik, insbesondere Wirtschaftsordnungspolitik), Universität Göttingen

Foto: Frank Raumpenhorst

Dr. Joachim Schmalzl
Digital(er) werden – bewährtes Geschäftsmodell erhalten!

Dr. Joachim Schmalzl
Geschäftsführendes Vorstandsmitglied,
Deutscher Sparkassen- und Giroverband e.V.

Video-Beitrag auf YouTube.com

Meine Damen und Herren,

seit über 200 Jahren begleiten die Sparkassen den wirtschaftlichen und gesellschaftlichen Wandel in Deutschland mit zeitgemäßen Finanzprodukten und Beratungsangeboten für alle Kundengruppen.

Unser Geschäftsmodell ist mit den gesellschaftlichen und wirtschaftlichen Herausforderungen immer mitgewachsen.

- Sparkassen haben die Entstehung des gewerblichen Mittelstands in der Industrialisierung finanziert und gleichzeitig den Menschen Möglichkeiten der privaten Vorsorge eröffnet.
- Sie haben sich stark für das Zusammenwachsen Deutschlands nach dem Mauerfall engagiert.

– Sie unterstützen gemeinsam mit den Landesbanken den Erfolg deutscher Unternehmen auf den Weltmärkten und stellen sich für ihre Kunden auf die zunehmende Digitalisierung aller Lebensbereiche ein.

Sparkassen sind quasi mit dem Wandel großgeworden – das ist Teil unserer DNA.

Dabei ist der Wesenskern der Sparkassenidee unverändert geblieben: Sparkassen übernehmen wesentliche kreditwirtschaftliche, aber auch gesellschaftliche Aufgaben wie den Einsatz für Sparen und Vorsorge, den Zugang zu Finanzdienstleistungen für alle Kundengruppen und den besonderen Fokus auf die lokale und regionale Entwicklung.

Aus dieser Grundaufstellung heraus haben Sparkassen eine besondere Nähe zu ihren Kunden und zu gesellschaftlichen Entwicklungen.

Für uns ist gleichermaßen wichtig, welche Bedürfnisse einzelne Kunden und ganze Bevölkerungsgruppen haben. Unser Ziel ist es, ihren Alltag zu erleichtern und sie weiterzubringen.

Im Moment erleben die Menschen und auch die Unternehmen große Veränderungen:

– Die stark international vernetzte deutsche Volkswirtschaft ist durch die politischen Unsicherheiten rund um den Globus potentiell besonders verletzbar.
– Der demografische Wandel vertieft die Unterschiede zwischen Ballungsräumen und weniger prosperierenden Gegenden.
– Und die negativen Effekte der Niedrigstzinsphase treten immer deutlicher zutage. Die Hälfte der Menschen, die heute vorsorgen, ist nicht sicher, ob ihre Anstrengungen genügen.

Wir erleben daher, dass das Bedürfnis der Menschen nach Sicherheit in Finanzfragen stark gestiegen ist. Für 57 Prozent der Deutschen ist Sicherheit bei der Geldanlage das stärkste Argument.

Auch im umfassenderen Sinn haben Tradition, Regionalität und Herkunft einen hohen Stellenwert für viele Verbraucher.

Gleichzeitig wollen unsere Kunden am technologischen Fortschritt partizipieren, ohne davon überfordert zu werden.

Sie erwarten einen einfachen Zugang zu Finanzdienstleistungen und clevere Lösungen für Alltagsprobleme – und das über alle Kanäle hinweg.

Dabei ist das Bedürfnis nach menschlicher Nähe geblieben, auch im digitalen Raum. Dazu passt, dass die Menschen sehr sensibel auf Fragen der Datensicherheit und des Datenschutzes reagieren.

Alle diese Punkte greifen die Sparkassen in ihren digitalen Angeboten und besonders im Zahlungsverkehr auf und setzen sie in ihrer Geschäftsstrategie um.

Digitaler werden – Sparkasse bleiben.

Die Herausforderung für uns besteht darin, einerseits die gewohnten Bedürfnisse der Kunden zu bedienen, andererseits aber auch die neuen technischen Möglichkeiten mit anzubieten – und zwar in Ergänzung und nicht als Ersatz.

Wir wollen vor Ort und im Netz gleichermaßen der bevorzugte Finanzpartner der Deutschen sein. Dazu müssen wir die Zugangswege zur Sparkasse und unsere Services neu ausbalancieren.

Die Geschäftsstelle ist künftig noch stärker als bisher der Ort qualifizierter Beratung – und dies deutschlandweit und flächendeckend. Dabei werden wir noch stärker auf Qualität achten.

Die Sparkassen haben 2016 rund 900 vor allem kleine Geschäftsstellen abgebaut. Gleichzeitig wurden insgesamt über 200 SB-Filialen neu eröffnet. Dieser Trend wird sich in vertretbarem Umfang fortsetzen.

Die verbleibenden Filialen werden zu Orten ausgebaut, die Menschen in ihrer Nachbarschaft zusammenbringen und hochwertige Beratungs- und Informationsangebote vorhalten.

Gleichzeitig arbeiten wir konsequent daran, Services und Transaktionen ins Netz zu verlagern, weil die Kunden dies verlangen.

Die Internetfiliale und die SparkassenApp sind hier unsere wichtigsten Andockstellen für alle Leistungen. Die Sparkassen führen seit dem letzten Jahr flächendeckend die Internetfiliale 6.0 ein – ein Angebot auf dem neuesten technischen Stand.

Wir haben darüber heute rund 2 Mrd. Kundenkontakte jährlich, davon über 800 Millionen allein über die App. Die SparkassenApp hat heute rund 5 Mio. aktive Nutzer. Sie ist in der Plus-Version seit über vier Jahren multibankfähig und wird von über 10 Prozent Fremdkunden genutzt.

Einige Wettbewerber führen solche Angebote ja als scheinbare Innovationen erst jetzt ein oder kündigen sie für die nahe Zukunft an.

Wir werden den Kunden auf dieser Plattform auch weiterhin neue Funktionen zur Verfügung stellen. Erst Ende November wurden zwei neue Funktionen per Update zur Verfügung gestellt – die Fotoüberweisung und „Kwitt", unsere Funktion zum

Bezahlen von Handy zu Handy.

Die Digitale Agenda

Für die Sparkassen selbst bringt der Ausbau digitaler Leistungen eine Reihe von Anforderungen mit sich – angefangen von der Prozessgestaltung bis hin zu veränderten Anforderungen an unsere Mitarbeiter.

Uns ist aber wichtig, dass alle Häuser diesen Prozess so selbstbewusst angehen, wie es ihrer Position als Marktführer entspricht.

Deshalb haben wir in der Gruppe einen Digitalisierungs-Kompass entwickelt, der für jedes Haus mögliche Wege und Lösungen aufzeigt. Für alle Sparkassen gemeinsam gelten außerdem digitale Mindeststandards für den weiteren Ausbau unseres umfangreichen Multikanalangebots.

Darüber hinaus wollen wir in der Sparkassen-Finanzgruppe das innovative Potential unserer Institute noch systematischer erschließen. Unsere digitale Agenda setzt hier zwei wesentliche Schwerpunkte:

Mit dem „S-Hub" bei der Finanz Informatik haben wir eine zentrale Anlaufstelle für Innovationen im Verbund geschaffen.

Im S-Hub filtern wir innovative und kreative Ideen aus dem Markt. Wir schaffen mit dem S-Hub auch eine Andockstelle für FinTechs und externe Entwickler, um mehr Innovations-Impulse von außen aufzunehmen.

Eine Arbeitsform des S-Hub sind zum Beispiel Hackathons, wo nicht nur Konzepte, sondern direkt erste Prototypen erarbeitet werden.

Der Symbioticon der Finanz Informatik im Herbst 2016 hat bereits beispielhaft gezeigt, welche Bandbreite hier in sehr kurzer Zeit möglich ist – angefangen von so einfachen Ansätzen wie Taschengeldkonten bis hin zu komplexen Bildungslösungen mit der Verknüpfung zu Studienfinanzierungen oder Förderdatenbanken.

Und zweitens arbeiten wir daran, durch Kooperationen Teil von digitalen Ökosystemen Dritter zu werden, aber auch Anbieter anderer Leistungen in ein Ökosystem Sparkasse zu integrieren. Das sind wichtige Schritte, weil immer mehr Anbieter in ihren eigenen digitalen Angeboten Nutzer halten und dort unterschiedliche Leistungen anbieten.

In einem solchen Ökosystem können Leistungen aus der Sparkassen-Finanzgruppe mit denen externer Partner gebündelt und dem Kunden bedarfsgerecht und über seinen präferierten Kanal zur Verfügung gestellt werden.

Dazu gehört auch die Schaffung eines Ökosystems im Bereich Zahlungsverkehr, in dem die unterschiedlichen Bezahlverfahren gebündelt und auf die Bedürfnisse der verschiedenen Kundengruppen abgestellt sind.

Wir treiben Innovationen im Zahlungsverkehr voran.

Der Zahlungsverkehr ist ein Kernkompetenzfeld der Sparkassen. Aus Sicht der Kunden ist das der Bereich, wo im Alltag die Sparkasse am sichtbarsten ist. Und gerade hier spielen digitale Prozesse eine große Rolle.

Deshalb treibt die Sparkassen-Finanzgruppe zahlreiche Innovationen im Zahlungsverkehr für Privat- und Firmenkunden und im Akzeptanzgeschäft voran.

Unser Anspruch an alle Entwicklungen ist, dass sie aus Kundensicht einfach, bequem und leicht zugänglich sind.

Sparkassen sind regional verwurzelt. Darauf baut ihr Geschäft. Daher sind vitale lokale Wirtschaftsstrukturen sehr wichtig. Und genauso wichtig wie die Digitalisierung für die Sparkassen ist, ist sie es auch für den lokalen Einzelhandel. Wir sind überzeugt, dass die Zahlungsakzeptanz dabei einen wesentlichen Kern darstellt. Darum wird das Produkt- und Serviceangebot der Zukunft neben der Kernleistung „Zahlungen abwickeln" weitere Services enthalten. Für uns bedeutet das, dass wir uns noch tiefer mit der Situation und dem konkreten Bedarf des Einzelhandels vertraut machen müssen. Schon heute steht ein breites Angebot an Bezahllösungen für den stationären und den Online-Handel zur Verfügung. Die künftige Generation an Zahlungsakzeptanz-Produkten verbindet die bisher getrennten Welten „Bezahlen im Geschäft" und „Bezahlen im Webshop" miteinander. Durch digitalisierte und miteinander verzahnte Omni-Channel-Lösungen erhält der Händler deutlich bessere Steuerungsmöglichkeiten seines Geschäfts.

Lassen Sie mich nun von der Zahlungsakzeptanz zu den eigentlichen Zahlverfahren kommen.

An der stationären Ladenkasse setzt die Sparkassen-Finanzgruppe auf das kontaktlose Bezahlen. Kunden haben die Wahl, ob sie das mobile Bezahlen per Karte oder per Mobiltelefon bevorzugen. Wie bieten beides an und bauen beides aus.

Die Grundlage für unsere Entwicklungen ist die NFC-Technologie, die sich als Standard für kontaktloses Bezahlen etabliert hat. Dabei setzen wir auf der bewährten Infrastruktur für Kartenzahlungen auf.

Seit vergangenem Sommer geben unsere Institute girocards mit der Kontaktlos-Funktion aus. Seitdem haben wir über 10 Millionen kontaktlose Sparkassen-Cards in Umlauf gebracht. Wir planen aktuell mit über 20 Millionen Karten zum Jahresende 2017. Ende 2019 werden schon alle Sparkassen-Kunden im Besitz einer kontaktlosen Sparkassen-Card sein.

Auch mit der Ausgabe der NFC-fähigen Sparkassen-Kreditkarten haben wir bereits begonnen. Mit der bundesweiten Abdeckung rechnen wir im Jahr 2020.

Für den Erfolg der NFC-Technologie als Marktstandard ist es wichtig, dass auch der Handel mitzieht. Viele Händler rüsten zurzeit ihre alten Bezahlterminals auf die neue Technologie um. Das braucht Zeit, aber auch hier gibt es große Fortschritte.

Die Karte als Träger der NFC-Technologie ist dabei wahrscheinlich nur ein Zwischenschritt hin zum mobilen Bezahlen mit dem NFC-fähigen Smartphone oder der Smartwatch.

Wir wollen deshalb das mobile Bezahlen nicht nur über die Karte, sondern auch über das Handy im Markt stärker etablieren. Dazu sollen sowohl Debit- als auch Kreditkarten virtuell ins Mobiltelefon eingebunden werden.

Dabei setzten wir auf die cloud-basierte Host Card Emulation-Technologie, kurz HCE. Sie kombiniert Sicherheit, Einfachheit und breite Verfügbarkeit für unsere Kunden. Die Umsetzungsvorbereitungen dazu laufen bereits. Der Startschuss für die mobile Wallet kann voraussichtlich im ersten Halbjahr 2018 fallen.

Die breite Einführung mobiler Bezahlverfahren wird den Verbrauchern mehr Komfort bei gleichzeitig hoher Sicherheit bieten. Für den Handel steht derzeit die Umstellung der Infrastruktur im Vordergrund. Außerdem ändern sich an der Kasse die Abläufe. Deshalb testen Kantinen, Uni-Mensen und Konsum-Märkte derzeit bereits verfügbare Verfahren auf Basis der Blue-Code Technologie. Auch hier beteiligen sich die Sparkassen mit Pilotprojekten, um den konkreten Bedarf des Handels für ihre eigene Innovationsstrategie aufgreifen zu können.

Innovationen rund um das Girokonto

Digital basierte und mobile Anwendungen für den Zahlungsverkehr breiter Kundengruppen sind in der Sparkassen-Finanzgruppe bereits Teil des Standardangebots.

Ein besonders erfolgreiches Beispiel für eine solche Innovation ist das Handy-an-Handy-Bezahlverfahren Kwitt, das in die Sparkassen-Apps integriert ist.

Seit dem Marktstart Ende November 2016 haben sich rund 400.000 Nutzer für Kwitt angemeldet. Täglich kommen neue dazu. Auch die Transaktionszahlen steigen stetig. In den ersten vier Monaten wurden weit über 500.000 Transaktionen ausgelöst und machen die Sparkassen-Lösung zum stärksten Angebot für Handy-zu-Handy-Bezahlen am Markt.

Mit Kwitt können Anwender Geld wie eine Kurznachricht von einer Mobilfunknummer zu einer anderen senden – an jedes deutsche Girokonto, also auch über den Kreis der Sparkassenkonten hinaus. Liegt der Betrag bei maximal 30 Euro, verzichten wir für einen größeren Bedienkomfort auf die Eingabe einer Tan-Nummer.

Zur Hauptzielgruppe von Kwitt gehören junge Menschen, die einfache digitale Lösungen und Mobilität einfordern. Mit Kwitt lösen wir dieses Versprechen im besonderen Maße ein.

Die aktuell begleitende Marketing-Kampagne unterstreicht diesen Erfolg. Sie ereichte bisher rund 16,9 Millionen Menschen in den sozialen Medien.

Der große Zuspruch zu innovativen Angeboten zeigt das breite Interesse unserer Kunden an digitalen Services. Diesen Erfolg wollen wir weiter ausbauen, um unseren Kunden sichere Alternativen zu den Angeboten internationaler Wettbewerber zu bieten.

Mit paydirekt haben wir gemeinsam mit den Genossenschafts- und Privatbanken eine Angebotslücke im E-Commerce geschlossen und ein sicheres und attraktives Online-Bezahlverfahren eingeführt. Über 800 teilnehmende Händler bieten ihren Kunden paydirekt als Zahlmethode in ihrem Online-Shop an. Rund 1 Million Kunden haben sich bisher für das Zahlverfahren registriert. Wir arbeiten tatkräftig daran, das Verfahren am Kundennutzen orientiert weiter auszubauen und auf diese Weise weitere Händler und Privatkunden zu überzeugen.

Somit ist paydirekt neben Kwitt und weiteren digitalen Services wie der Fotoüberweisung ein wesentlicher Baustein, um unseren Kunden ein attraktives Paket an Dienstleistungen rund um das Girokonto anzubieten. Auf diesem Bereich wird auch in den kommenden Monaten der stärkste Fokus liegen, weil er auch für unsere Kunden an Bedeutung stark zunimmt.

Gleichzeitig beschäftigen wir uns auch intensiv mit weiteren Trends rund um die digitale Kundenansprache. Dazu gehören die standortbezogene Kundenansprache mit Beacons, Bereitstellung persönlicher Speicherplätze, Identitäts- und Vertrauensdienste, der Einsatz von Video-Chats, Chatbots und künstlicher Intelligenz, Cyber-Kriminalität, Blockchain und Instant Payments.

Sehr gute Ausgangslage

Die Leitplanken für alle unsere Innovationen sind der persönliche Zugang, die größtmögliche Sorgfalt beim Umgang mit Daten und höchstmögliche Sicherheit bei digitalen Angeboten.

Dadurch erhalten die Sparkassen ihr bewährtes Geschäftsmodell auch in einer immer stärker durch die Digitalisierung geprägten Lebenswelt. Mit über 35 Millionen

Girokonten und der dahinter stehenden technischen Infrastruktur befinden wir uns in einer sehr guten Ausgangslage. Wir wollen digitaler werden, um auch in Zukunft nah an unseren Kunden zu sein.

Das bedeutet für unser weiteres Vorgehen vor allem drei Dinge:

- Erstens werden wir unser zentrales Ankerprodukt – das Girokonto – kontinuierlich ausbauen und konsequent an den Bedarf unserer Kunden anpassen. Wir werden in Zukunft unseren Kunden individuelle und passgenaue Angebote zu Dienstleistungen und Finanzprodukten machen.
- Zweitens werden wir ganzheitliche Ökosysteme aufbauen, um den Kunden alles aus einer Hand zu bieten. Dazu gehört auch die Integration lokaler Lösungen sowie innovativer Ideen von Dritten.
- Und vor allem nutzen wir sowohl die regionale Marktnähe der einzelnen Sparkassen, als auch das innovative Potenzial der ganzen Gruppe.

Dass wir das können, beweisen wir Tag für Tag. Aber wir wissen auch, dass wir immer am Ball bleiben müssen. Den notwendigen kulturellen Wandel zu mehr Agilität haben wir bereits gestartet. Wir sind bereit für die Zukunft und bleiben dabei Sparkasse.

Dr. Joachim Schmalzl

Lebenslauf

Dr. Joachim Schmalzl
Geschäftsführendes Vorstandsmitglied,
Deutscher Sparkassen- und Giroverband e.V.

Dr. Joachim Schmalzl ist seit März 2016 Geschäftsführendes Vorstandsmitglied des Deutschen Sparkassen- und Giroverbandes in Berlin. Davor war er fast zwanzig Jahre für die Stadtsparkasse Köln und deren Nachfolgerin, die Sparkasse KölnBonn tätig – zuletzt als Vorstand für Organisation, Prozess- und Produktmanagement, Controlling, Finanzen und Risikomanagement. Schmalzl studierte in Mannheim Betriebswirtschaft und promovierte am Lehrstuhl für Wirtschaftsinformatik der Universität Göttingen. Seine berufliche Laufbahn startete er bei der Unternehmensberatung McKinsey & Company in Düsseldorf. Beim DSGV verantwortet Schmalzl den Bereich Geschäfts- und Digitalisierungsstrategie.

Dr. Joachim Schmalzl

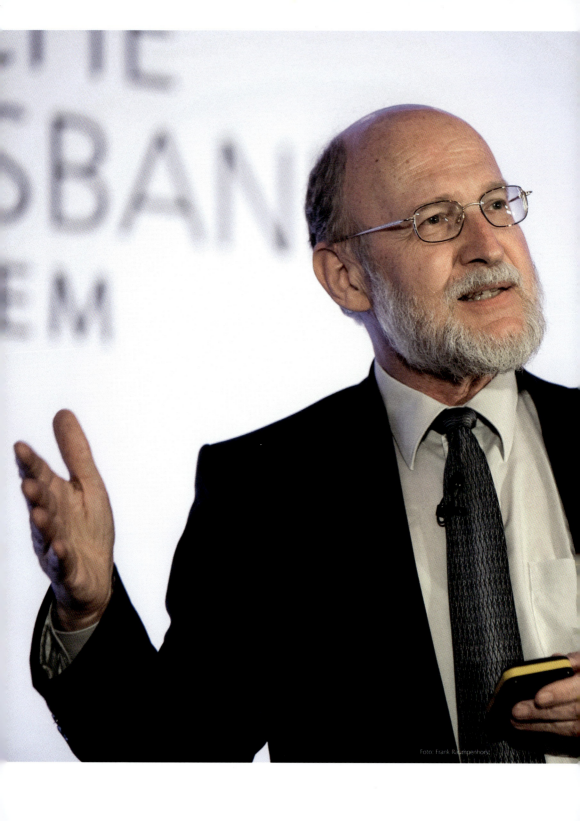

Foto: Frank Rumpenhorst

Prof. Dr. Hans Ulrich Buhl[1]
Blockchain-Technologie als Schlüssel für die Zukunft?

Prof. Dr. Hans Ulrich Buhl
Wiss. Leiter der
Projektgruppe Wirtschaftsinformatik
des Fraunhofer-Instituts für angewandte
Informationstechnik FIT

Video-Beitrag
auf YouTube.com

1 Einleitung

Die fortschreitende Digitalisierung führt zu massiven Veränderungen sowohl in der Wirtschaft als auch in der gesamten Gesellschaft. Als Treiber des Wandels werden insbesondere innovative, digitale Technologien angesehen, von denen eine disruptive Wirkung ausgeht. Dies ist insbesondere dann der Fall, wenn innovative Informationstechnologien bisher unerfüllte Kundenbedürfnisse adressieren, neue Geschäftsmodelle von Unternehmen ermöglichen oder die Wertschöpfung signifikant verbessern. Dadurch entstehen beispielsweise neue Märkte, die durch neue

---

[1] Dieser Beitrag enthält weiterführende Informationen zu den Kerninhalten des Vortrags „Blockchain-Technologie als Schlüssel für die Zukunft?", der am 18.05.2017 beim Zahlungsverkehrssymposium 2017 der Deutschen Bundesbank von Herrn Prof. Dr. Buhl gehalten wurde. Zudem stellt dieser Beitrag einen Auszug wichtiger Inhalte des Fraunhofer White Papers zu „Blockchain: Grundlagen, Anwendungen und Potenziale" der Projektgruppe Wirtschaftsinformatik des Fraunhofer FIT dar. Diese Veröffentlichung ist erhältlich unter: https://www.fit.fraunhofer.de/de/fb/cscw/blockchain.html.

Anbieter oder branchenfremde Unternehmen erschlossen werden können. So werden Google und Apple im sich verändernden Mobilitätsmarkt aktiv und bedrohen die Vormachtstellung etablierter Marken wie BMW oder Mercedes. Wir sehen Wertschöpfungsinnovationen wie die Industrie 4.0, womit die Vision der Mass Customization, also die kundennahe, profitable Fertigung mit Losgröße 1, in vielen Bereichen wirtschaftlich wird. Daneben erleben wir signifikante Produktivitätsverbesserungen durch den Einsatz digitaler Technologien. Das besondere an der gegenwärtigen digitalen Transformation ist, dass neben der Intensität der Veränderungen auch die Schnelligkeit des Wandels bemerkenswert ist (Röglinger und Urbach 2016).

Eine dieser innovativen Technologien mit dem Potenzial, Unternehmen und die Gesellschaft zu verändern, ist Blockchain (Peters und Panayi 2015). Seit dem Jahr 2008, als die Kryptowährung Bitcoin bekannt wurde, hat auch die zugrundeliegende Technologie große Aufmerksamkeit erfahren (Schlatt et al. 2016). Hintergrund sind die zahlreichen neuen Anwendungsfelder und Umsetzungsmöglichkeiten von Blockchain, vor allem auch im Zusammenspiel mit Smart Contracts, die weit über die virtueller Währungen hinausgehen. In den vergangenen Monaten ist ein regelrechter Hype um Blockchain ausgebrochen, was sich nicht zuletzt in zahlreichen Artikeln in einschlägigen Wirtschafts- und Technologiemagazinen widerspiegelt und dadurch verstärkt wird. Auch der aktuelle Hypecyle von Gartner sieht Blockchain kurz vor dem sogenannten Gipfel der überzogenen Erwartungen. Einige Unternehmen sind in den vergangenen Monaten auf den „Blockchain-Zug" aufgesprungen und erarbeiten – oftmals in branchenspezifischen Konsortien – entsprechende Anwendungsfälle und Lösungen.

Für viele Unternehmen ist die Frage, in welche Richtung sich der Trend um Blockchain weiterentwickeln wird und ob sie in diesem Bereich aktiv werden sollen, jedoch noch unbeantwortet. In der Erwartung oder sogar Hoffnung, dass die Technologie nicht den propagierten Erfolg haben wird, begleiten sie die aktuellen

Entwicklungen lediglich als passiver Beobachter. Wir halten eine solche Zurückhaltung für gefährlich. Zahlreiche Beispiele der Vergangenheit zeigen, dass Geschäfte daran zerbrochen sind, nicht rechtzeitig an den Entwicklungen disruptiver Technologien hinreichend zu partizipieren. Prominente Beispiele an dieser Stelle sind die Unternehmen Kodak und Nokia, welche die Notwendigkeit zum Technologiewechsel zur digitalen Fotografie bzw. zum Smartphone massiv unterschätzt haben, so dass sie in kürzester Zeit vom Marktführer zum Nischenanbieter degradiert wurden.

Mit diesem Beitrag möchten wir die Grundlagen der Blockchain darlegen und das Konzept der Smart Contracts vorstellen. Anschließend diskutieren wir anhand von ausgewählten Anwendungsfällen die Einsatzmöglichkeiten von Blockchain in der Finanzbranche. Der Artikel endet mit einer kritischen Beurteilung des gegenwärtigen Stands von Blockchain und einem Ausblick auf weitere Entwicklungen. Mit unserem Beitrag möchten wir Unternehmenslenker dabei unterstützen, die Grundlagen, Potenziale und Anwendungsfelder von Blockchain besser einschätzen und auf dieser Basis individuelle Zukunftsszenarien entwickeln zu können.

2 Blockchain-Grundlagen

Unter dem Begriff Blockchain wird ein elektronisches Register für digitale Datensätze, Ereignisse oder Transaktionen verstanden, welche durch die Teilnehmer eines verteilten Rechnernetzes verwaltet werden (Condos et al. 2016). Gemäß des Namens werden die einzelnen Transaktionen dabei in Blöcken, die jeweils eine Referenz auf die vorherigen Blöcke enthalten, strukturiert gespeichert. Im Jahr 2008 wurde mit der Kryptowährung Bitcoin der erste Anwendungsfall der Blockchain-Technologie bekannt. Hierbei ermöglicht die Blockchain einen sicheren Austausch von Bitcoins zwischen Teilnehmern eines Netzwerks. Für die Aufnahme von Transaktionen in die Blockchain sind die sogenannten Mining-Netzknoten verantwortlich. Diese Mining-Netzknoten fassen dabei zunächst jeweils unbestätigte

Transaktionen in einem Block zusammen, der neben den Transaktionen zusätzlich einen sogenannten Block-Header enthält. An diesem Punkt ist es aus mehreren Gründen (bspw. Betrugsversuche wie Double-Spending oder Verzögerungen bei der Datenübertragung) möglich, dass unterschiedliche Transaktionen in den jeweiligen Blöcken der Netzknoten enthalten sind. Deshalb wird im Blockchain-Netzwerk ein Mechanismus benötigt, der eine Abstimmung über die Gültigkeit eines Blocks ermöglicht. Dieser sogenannte Konsensmechanismus wird oft als die größte Innovation hinter der Blockchain und Bitcoin angesehen (Zohar 2015). Durch einen Konsensmechanismus wurde eine Variante des in der Informatik lange bekannten Problems der byzantinischen Generäle gelöst (Zohar 2015). Ein weitverbreiteter Mechanismus, der das Problem der byzantinischen Generäle löst, ist das sogenanntes Proof of Work (PoW)-Schema (Zohar 2015).

Das Problem der byzantinischen Generäle beschreibt eine Situation, in der sich Generäle mittels Boten über einen gemeinsamen Schlachtplan einigen müssen, wobei einige Generäle bösartig sein könnten.

Generell soll das PoW die übermäßige bzw. missbräuchliche Verwendung eines Dienstes verhindern. Das Erbringen eines PoW erfordert einen gewissen Aufwand, eine Art Benutzungsentgelt; im Falle von Bitcoin muss dabei ein rechenintensives Problem gelöst werden. Als Anreiz, den PoW durchzuführen, erhalten die Mining-Netzknoten neben evtl. in den Transaktionen inkludierten Transaktionsgebühren für jeden Block, der in die Blockchain aufgenommen wird, eine gewisse Anzahl an Bitcoins. Der Mining-Netzknoten, welcher das rechenintensive Problem zuerst löst, sendet seinen Block an das Netzwerk; die restlichen Mining-Netzknoten prüfen die Lösung des Problems und nehmen den Block, falls die Lösung valide ist, in ihre Blockchain auf. Folglich gilt eine Transaktion erst dann als vollzogen, wenn sie in die Blockchain aufgenommen wurde. Da jeder Mining-Netzknoten individuell an der Lösung des Problems arbeitet, kann es vorkommen, dass zwei Knoten ihre Lösung beinahe simultan finden und versenden, wodurch kurzzeitig mehrere

Versionen einer validen Blockchain im Netzwerk bestehen; dieses Phänomen wird als Gabelung bezeichnet und tritt bei ca. 1,69% aller Blöcke auf. Um diesen Zustand wieder zu beheben, arbeiten die Mining-Netzknoten so lange auf Basis ihrer jeweiligen Blockchain weiter, bis sie über eine aktuellere Blockchain mit weiteren Blöcken benachrichtigt werden (Zohar 2015). Die jeweils „längste" bekannte Blockchain[2] wird vom Netzwerk als richtig erachtet (Zohar 2015). Transaktionen, die nun möglicherweise nicht mehr in der aktuellen Blockchain enthalten sind, werden wieder in den Pool mit unbestätigten Transaktionen zurückgespeist und bei einem der nächsten Blöcke berücksichtigt. Deshalb werden etwa sechs Blöcke ab der Transaktionsvollendung als angemessene Bestätigungszeit angesehen.

Aktuelle Blockchain-Systeme sind jedoch deutlich weiterentwickelt und ermöglichen neben der dezentralen Transaktionsverwaltung und -speicherung auch die Automatisierung von Prozessen, Regularien und Organisationsprinzipien mittels sogenannter Smart Contracts.

Smart Contracts sind als Computerprogramme zu verstehen, die Entscheidungen treffen können, wenn bestimmte Konditionen erfüllt werden.

Dazu können in Smart Contracts externe Informationen als Inputs verwendet werden, die dann über die festgelegten Regeln des Vertrages bestimmte Aktionen hervorrufen (Tuesta et al. 2015). Die entsprechenden Skripte mit den Vertragsdetails werden zu diesem Zweck unter einer bestimmten Adresse in der Blockchain gespeichert. Tritt das festgelegte externe Ereignis ein, wird eine Transaktion an die Adresse gesendet, worauf die Bedingungen des Vertrages entsprechend ausgeführt werden (Tuesta et al. 2015). Die Anwendungsmöglichkeiten von Smart

---

[2] Tatsächlich adoptieren die Netzknoten die Blockchain, für welche die höchste aggregierte Rechenleistung in Form des PoW aufgewendet wurde (Zohar 2015).

Contracts sind sehr breit gefächert. Beispielsweise könnten Autos, Fahrräder oder Wohnungen über ein smartes Schloss und ein Blockchain-System ohne physische Schlüsselübergabe vermietet werden. Dazu legt der Eigentümer die Kaution und Miete in einem Smart Contract fest. Darüber hinaus werden dort Regeln für die Zugangs-/Nutzungsberechtigung hinterlegt (bspw. der Nutzer kann erst nach Zahlung der Kaution und Miete das Schloss öffnen). Sämtliche Interaktionen mit dem Blockchain-System, wie das Ausführen von Zahlungen, der Austausch des digitalen Schlüssels oder das Öffnen und Schließen des smarten Schlosses, können vom Mieter als Nutzer mittels Smartphone ausgeführt werden. Die Zahlungseingänge, Berechtigungsverteilung und -verwaltung sowie die Kautionsrückzahlungen erfolgen transparent, sicher und unveränderbar über die Blockchain.

3 Ausgewählte Anwendungsbeispiele in der Finanzbranche

Bei der Betrachtung von potenziellen Anwendungsbeispielen von Blockchain in der Finanzbranche reichen die diskutierten Einsatzbereiche und Prognosen von der signifikanten Verbesserung existierender Finanzdienstleistungen bis hin zur kompletten Verdrängung der Finanzdienstleister als Intermediäre durch die Blockchain: Um einen Einblick in konkrete Anwendungsgebiete zu ermöglichen, werden nachfolgend drei vieldiskutierte Beispiele aus dem Zahlungsverkehr, Kapitalmarkthandel und dem Bereich Compliance vorgestellt.

3.1 Zahlungsverkehr

Derzeitige Zahlungsprozesse involvieren eine Vielzahl von Intermediären, wie Banken, Clearing-Stellen und Zentralbanken, und sind dabei sehr ressourcenintensiv. Zudem finden Abwicklungsprozesse aufgrund der vielen Intermediäre und unterschiedlichen Systeme aus Koordinations- und Kostengründen nicht kontinuierlich, sondern mehrmals pro Tag statt, wodurch zeitliche Verzögerungen entstehen. Kiviat (2015) argumentiert, dass bisherige Probleme des digitalen Zahlungsverkehrs, wie hohe Kosten und lange Transaktionszeiten, durch die Blockchain gelöst werden können.

Die Finanzbranche fokussiert sich dabei vor allem auf internationale Überweisungen. Hierbei fallen besonders hohe Gebühren an; Kiviat (2015) kalkuliert, dass die durchschnittliche Gebühr von 6% für internationale Überweisungen durch eine Blockchain-basierte Lösung auf 2% gesenkt werden kann. Zudem wird durch die kurze Abwicklungszeit das Wechselkursrisiko bei internationalen Transaktionen minimiert.

Das Unternehmen Ripple bietet eine Zahlungsplattform an, die einen schnellen und nahezu kostenfreien Währungsumtausch sowie (internationale) Überweisungen ermöglicht. Banken interagieren über das Netzwerk ohne eine zentrale Gegenpartei direkt miteinander. Durch ausgewählte Validierungsknoten wird der Konsensmechanismus und somit die gesamte Transaktionsabwicklung auf 5 bis 15 Sekunden reduziert. Über das Ripple-Netzwerk kann jegliche Währung transferiert werden. Zu diesem Zweck wird ein nativer Token verwendet, der die entsprechende Währung repräsentiert. Dieser Token wird innerhalb des Systems transferiert und kann schließlich in Bitcoin und danach in beliebige Währungen umgetauscht werden. Ein weiterer Vorteil dieser Methode ist, dass lediglich Liquidität zwischen der jeweiligen Währung und dem Token, jedoch nicht zwischen den beiden gehandelten Währungen vorliegen muss, was insbesondere bei selten gehandelten Währungen vorteilhaft ist.

Während Ripple lediglich institutionelle Kunden bedient, existieren auch Lösungen für Konsumenten. Das Unternehmen Circle beispielsweise bietet eine App an, mittels der Konsumenten kostengünstige und schnelle Zahlungen vornehmen können, wobei Bitcoins als intermediäre Tokens dienen.

Zusätzlich zu niedrigeren Gebühren können Blockchain-basierte Zahlungssysteme für Nutzer die Sicherheit und Privatsphäre erhöhen, da Zahlungen auf dem

Push-Prinzip beruhen: Kunden können Transaktionen aktiv initiieren, ohne dabei Details wie beispielsweise Bankdaten bereitzustellen. Als Vorteile für Händler ergeben sich einerseits die Minimierung von Betrug (wegen der in Blockchain-Systemen inhärenten Transaktionsirreversibilität) und anderseits geringere Kosten. Weiterhin sinkt das Risiko des Verlustes von Kundendaten, da deren Zahlungsinformationen nicht gespeichert werden müssen.

3.2 Kapitalmarkthandel

Da Transaktionsprozesse im Kapitalmarkthandel eine große Anzahl von Akteuren involvieren, müssen kontinuierlich Daten abgeglichen und hierfür Prozesse wiederholt werden, weshalb hohe Kosten, lange Transaktionszeiten sowie operationale Risiken auftreten.

Die Abwicklung von Wertpapiertransaktionen dauert in der Regel zwei bis drei Tage (Condos et al. 2016; Peters und Panayi 2015) und involviert mehrere Intermediäre (Bliss und Steigerwald 2006). Die lange Abwicklungszeit kann Kredit- und Liquiditätsrisiken hervorrufen (Condos et al. 2016) und erhöht des Weiteren das Kontrahentenrisiko (Peters und Panayi 2015). Durch die Verwendung einer „Konsortiums-Blockchain" können die Kosten und die Komplexität in der Transaktionsabwicklung signifikant reduziert und die Abwicklungszeit auf Minuten bzw. Sekunden verringert werden (Peters und Panayi 2015), da die Parteien direkt miteinander handeln. Durch die Verkürzung der Zeitspanne werden sowohl das operationale als auch das Kontrahentenrisiko reduziert, wodurch sich potenziell auch die Eigenkapitalanforderungen für Banken verringern könnten (Condos et al. 2016). Das Kredit- und Liquiditätsrisiko könnte effektiv eliminiert werden, da in Blockchain-Systemen aufgrund ihrer Funktionsweise automatisch das Vorhandensein entsprechender Mittel vor dem Handel geprüft wird.

Aktuell wird in mehreren branchenweiten Initiativen an der Umsetzung solcher Lösungen gearbeitet (Peters und Panayi 2015), wobei exemplarisch das Unternehmen SETL vorgestellt werden soll. SETL arbeitet an einer spezialisierten Blockchain-Infrastruktur, die es Marktteilnehmern erlaubt, Wertpapiertransaktionen direkt abzuwickeln. Der Abwicklungsprozess einer Transaktion geschieht dabei in Echtzeit.

Es ist jedoch anzumerken, dass die Transaktionsabwicklung diversen regulatorischen Bestimmungen unterliegt und derzeit noch nicht abschätzbar ist, inwieweit die Blockchain Risiken tatsächlich reduziert. Auch die DTCC (2016) kritisiert, dass die Realisierung von Echtzeit-Abwicklungen nicht von der Blockchain, sondern vielmehr von der Modernisierung aktueller Gesetze abhängt.

Im Umfeld des Kapitalmarkts findet die Blockchain zudem Verwendung, indem Unternehmensanteile in Blockchain-Systemen abgespeichert und verwaltet werden. Ein prominentes Praxisbeispiel dieser Anwendung ist die Plattform Nasdaq Linq (NASDAQ 2015). Um Eigentumsanteile oder Rechte zu registrieren und transferieren, wird hierbei ein auf Bitcoin basierender Colored Coins-Ansatz verwendet. Es ist zu beachten, dass dabei nicht der tatsächliche Wert der Anteile in Bitcoins abgebildet, sondern lediglich eine Information über den Wert der Anteile repräsentiert wird. Die Implikationen dieses Anwendungsfalles für unterschiedliche Stakeholder werden in Yermack (2015) diskutiert, wobei vor allem Transparenz sowie der vereinfachte Handel mit Anteilen Gegenstand der Diskussion sind.

3.3 Compliance

In Bereich Compliance werden vor allem zwei Einsatzmöglichkeiten der Blockchain diskutiert: Zum einen der Einsatz als zentrales Register zur konsolidierten Buchführung und zum anderen der Einsatz als „Konsortiums-Blockchain" für Kundendaten.

Im ersteren Anwendungsfall unterhalten Banken aktuell eine Vielzahl unterschiedlicher Kontenbücher für verschiedene Zwecke. Zudem implementieren Banken diverse Maßnahmen, um Fehlverhalten in der Buchhaltung zu verhindern (Peters und Panayi 2016). Dies umfasst typischerweise die Durchführung verschiedener Datenintegritätsprozesse und die Verteilung der Verantwortung für die Aufnahme finanzieller Daten in die Bücher. Durch die Verwendung von Blockchain-Systemen können diese Prozesse weitgehend automatisiert werden (Peters und Panayi 2016). Nützlich erscheint hierbei besonders die Umgehung des Double Spending-Problems in Blockchain-Systemen. Manipulationen in der Buchhaltung, wie bspw. das Zurückdatieren von Verträgen auf andere Perioden, können durch die Irreversibilität und zuverlässige Zeitstempel von Transaktionen verhindert werden (Yermack 2015). Das Unternehmen Balanc3 verwendet diese Eigenschaften der Blockchain bereits, um entsprechende Buchhaltungssysteme mit hoher Datenintegrität anzubieten (Peters und Panayi 2015).

Im zweiten Anwendungsfall birgt die Erfüllung diverser Gesetze und Regelungen zur Geldwäsche-prävention wie beispielsweise „Know Your Customer" (KYC) für Finanzinstitute hohe Kosten und verzögert Transaktionen teilweise maßgeblich. Zudem werden KYC-Prozesse in unterschiedlichen Finanzinstituten jeweils individuell durchgeführt. Ein branchenweites Kundenregister basierend auf einem Blockchain-System könnte den mehrfachen Aufwand hinsichtlich der KYC-Überprüfungen eliminieren sowie die verschlüsselte Übertragung von Kundendaten erleichtern. Es existieren bereits einige Anbieter, die derartige Lösungen anbieten, u.a. EY und KYC-CHAIN.

4. Fazit und Ausblick

Die Blockchain ist eine junge, sich rapide weiterentwickelnde Technologie, die vielfältige Einsatzmöglichkeiten verspricht. Wie Giaglis und Kypriotaki (2014) konstatierten, werden die Ergebnisse der Forschung über die Möglichkeiten und Grenzen dieser Technologie bestimmen. Generell fällt die mehrheitliche Meinung über die Möglichkeiten der Blockchain momentan sehr euphorisch aus. Das World

Economic Forum (2016) veröffentlichte kürzlich eine Studie zu Blockchain und formulierte darin, dass bis 2027 mehr als 10% des weltweiten Bruttoinlandsprodukts mit der Blockchain-Technologie abgewickelt werden. Zudem prognostiziert das Beratungshaus Roland Berger (2017), dass die Blockchain-Technologie, schon in den nächsten fünf Jahren die Hebung von Einsparpotenzialen in Milliardenhöhe ermöglicht.

Zweifellos weist die Blockchain-Technologie vielversprechende Eigenschaften auf, die sie für den geschäftlichen Einsatz äußerst interessant machen. Hierzu gehört vor allem, dass die Verwaltung durch ein dezentrales (Peer-2-Peer) Netzwerk erfolgt, wodurch zentrale Autoritäten in vielen Szenarien überflüssig werden könnten. Weitere Vorteile von Blockchain liegen in der unveränderbaren Transaktionshistorie durch kryptografische Prinzipien und Verkettung sowie der vollständigen Transparenz und Pseudonymität. Zudem liegen nicht zuletzt große Nutzenpotenziale der Blockchain in der Eigenschaft, dass immaterielle Dokumente und Vermögenswerte via Code ausgedrückt und in der Blockchain gespeichert werden können, sowie in dem strikten Agieren von Blockchain-Applikationen nach zuvor vereinbarten Regeln (Smart Contracts).

Aufgrund dieser Eigenschaften bietet Blockchain potenzielle Vorteile in verschiedenen Bereichen. Hierzu gehören Kostenreduktionen durch Umgehung von intermediären Diensten sowie Risikoreduktion durch Daten- und Prozessintegrität. Des Weiteren sehen wir großes Potenzial für Transaktionsabwicklungen und -verifikationen in (nahezu) Echtzeit sowie der Automatisierung von Geschäftsvorfällen mittels Smart Contracts. Aus unserer Sicht ist die Blockchain-Technologie demnach immer dann von großem Potenzial, wenn aus Kosten-, Zeit- oder politischen Gründen Intermediäre im Prozess umgangen werden können oder sollen, eine rückwirkende Unveränderbarkeit der Transaktionen sowie eine exakt vorgegebene Durchführung sinnvoll oder erforderlich ist oder eine dezentrale und autonom agierende Technologie vorteilhaft eingesetzt werden kann oder soll.

Entsprechend ergeben sich viele interessante Anwendungsoptionen und branchenübergreifende Blockchain-Szenarien. Die Technologie weist jedoch noch grundlegende Forschungs- und Entwicklungsherausforderungen auf, sodass der ultimative Einfluss der Technologie noch abzuwarten bleibt. Eines erscheint in Anbetracht der aktuellen Entwicklungen allerdings sicher: Die Blockchain wirft viele neue Fragen auf, die aus technischer, wirtschaftlicher und regulatorischer Perspektive weiter tiefgründig erforscht werden müssen. Wir sind daher der Meinung, dass das Engagement von Wirtschaft und Wissenschaft nötig ist, um das Potenzial der Blockchain-Technologie umfänglich zu untersuchen und auszuschöpfen. Des Weiteren empfehlen wir, einen multidisziplinären Ansatz zu verfolgen, der sowohl die Entwicklung der Basistechnologien als auch die Entwicklung von Applikationen umfasst, und eine Wirtschaftlichkeitsbegutachtung sowie die Eruierung neuer Governance-Modelle berücksichtigt.

Literaturverzeichnis

Condos, J., Sorrell, W. H. and Donegan, S. L. (2016) Blockchain Technology: Opportunities and Risks, Abgerufen am 02.06.2016, von http://legislature.vermont.gov/assets/Legislative-Reports/blockchain-technology-report-final.pdf

DTCC (2016) Embracing Disruption: Tapping the Potential of Distributed Ledgers to improve the Post-Trade Landscape, Abgerufen am 03.06.2016, von http://www.dtcc.com/~/media/Files/PDFs/DTCC-Embracing-Disruption.pdf.

Giaglis, G. M. and Kypriotaki, K. N. (2014) Towards an Agenda for Information Systems Research on Digital Currencies and Bitcoin, in: Business Information Systems Workshops. BIS 2014 International Workshops, Larnaca, Cyprus, May 22-23, 2014, Revised Papers, W. Abramowicz and A. Kokkinaki (eds.). Springer International Publishing, Basel, Cham: 3-13.

Kiviat, T. I. (2015) Beyond Bitcoin: Issues in Regulating Blockchain Transactions, Duke Law Journal, 65, 3, 569–608.

NASDAQ (2015) Nasdaq Linq Enables First-Ever Private Securities Issuance Documented With Blockchain Technology, Abgerufen am 03.06.2016, von http://ir.nasdaq.com/releasedetail.cfm?ReleaseID=948326.

Peters, G. W. and Panayi, E. (2015) Understanding Modern Banking Ledgers through Blockchain Technologies: Future of Transaction Processing and Smart Contracts on the Internet of Money, Abgerufen am 03.06.2016, von http://papers.ssrn.com/sol3/papers.cfm?abstract_id=2692487.

Röglinger, Maximilian, and Urbach, Nils. "Digitale Geschäftsmodelle im Internet der Dinge." (2016).

Roland Berger (2017) Enabling decentralized, digital and trusted transactions, Abgerufen am 12.05.2017, von https://www.rolandberger.com/publications/publication_pdf/roland_berger_blockchain_final.pdf.

Schlatt, V., Schweizer, A., Urbach, N, and Fridgen, G. (2016) Blockchain: Grundlagen, Anwendungen und Potenziale. Projektgruppe Wirtschaftsinformatik des Fraunhofer-Instituts für Angewandte Informationstechnik (FIT).

Tuesta, D., Alonso, J., Vegas, I., Cámara, N., Pérez, M. L., Urbiola, P. and Sebastián, J. (2015) Smart contracts: the ultimate automation of trust?, Abgerufen am 03.06.2016, von https://www.bbvaresearch.com/wp-content/uploads/2015/10/Digital_Economy_Outlook_Oct15_Cap1.pdf.

World Economic Forum (2016) The future of financial infrastructure, Abgerufen am 12.05.2017, von http://www3.weforum.org/docs/WEF_The_future_of_financial_infrastructure.pdf.

Yermack, D. (2015) Corporate Governance and Blockchains, Abgerufen am 03.06.2016, von http://www.nber.org/papers/w21802.pdf.

Zohar, A. (2015) Bitcoin: Under the Hood, Communications of the ACM, 58, 9, 104–113.

Lebenslauf

Prof. Dr. Hans Ulrich Buhl

Wiss. Leiter der Projektgruppe Wirtschaftsinformatik des Fraunhofer-Instituts für angewandte Informationstechnik FIT

Prof. Dr. Hans Ulrich Buhl, 1955 in Esslingen geboren, ist seit August 1994 Inhaber des Lehrstuhls für BWL, Wirtschaftsinformatik, Informations- & Finanzmanagement und seit Juli 2002 wissenschaftlicher Leiter des von der bayerischen Staatskanzlei eingerichteten Kernkompetenzzentrums Finanz- & Informationsmanagement. Seit 2011 ist er zudem wissenschaftlicher Leiter der Projektgruppe Wirtschaftsinformatik des Fraunhofer-Instituts für Angewandte Informationstechnik FIT in Augsburg und Bayreuth.

Prof. Buhl studierte von 1976 bis 1981 Wirtschaftsingenieurwesen an der Universität Karlsruhe sowie Industrial Engineering and Operations Research an der University of California in Berkeley, USA. 1980 erfolgte der Abschluss als Master of Science in Berkeley und 1981 die Prüfung zum Diplom-Wirtschaftsingenieur (Informatik/OR) in Karlsruhe. Prof. Buhl promovierte dort 1982 und habilitierte sich 1985 mit Arbeiten über Anwendungen der dynamischen Optimierung auf volks- und betriebswirtschaftliche Problemstellungen. Seine Forschungsschwerpunkte liegen in den Bereichen Customer Relationship Management, Wertorientiertes Prozessmanagement, Integriertes Ertrags- und Risikomanagement, Strategisches IT-Management und Energie- und Ressourcenmanagement. Hinsichtlich seiner Forschungsleistungen wurde Prof. Buhl 2004 im Management International Review Ranking und im Handelsblatt BWL-Ranking 2009, 2012 und 2014 unter den Top 1% eingestuft.

Praxiserfahrung sammelte Prof. Buhl vor seiner ersten Berufung 1990 als Lehrstuhlinhaber an die Justus-Liebig-Universität Gießen u.a. von 1984 bis 1988 in den

Funktionen Finanzen und Finanzierungsmarketing der IBM Deutschland GmbH, Stuttgart, und von 1988 bis 1990 als Leiter der Abteilung Projekte und Methoden im Bereich Informationssysteme und Logistik.

Fotos: Frank Rau...horst

Zusammenfassung der Paneldiskussion:
SEPA 2.0 – Wie schaffen wir den Binnenmarkt für digitales Bezahlen in Europa?

Video-Beitrag auf YouTube.com

Teilnehmer:
Philipp Otto, Zeitschrift für das gesamte Kreditwesen, interviewt:

- André Bajorat, Geschäftsführer, figo GmbH
- Christian Kothe, Head of Central & Eastern Europe, SWIFT
- Andreas Krautscheid, Mitglied der Hauptgeschäftsführung, Bundesverband deutscher Banken
- Carl-Ludwig Thiele, Mitglied des Vorstands, Deutsche Bundesbank
- Thomas Woelk, Abteilungsleiter Finanzen, Friedhelm Loh Group

In seiner Einführungsrede stellt Andreas Krautscheid, Mitglied der Hauptgeschäftsführung des Bundesverbandes deutscher Banken, heraus, dass SEPA zwar eine Erfolgsgeschichte war, aber nach der erfolgreichen Einführung der SEPA-Instrumente nun neue Themen wie Instant Payments auf den Markt zukämen. Der Markt stehe vor der Herausforderung, wie die hohen Infrastrukturkosten gegenfinanziert werden sollen. Denn es sei ungewiss, ob die entsprechenden Produkte auf der Basis von Instant Payments auch nachgefragt würden.

Neben großen europäischen Infrastrukturprojekten wie Instant Payments sieht Krautscheid den Markt getrieben durch regulatorische Veränderungen wie die Payment Services Directive 2 (PSD2). Obwohl aktuell noch alle Akteure ihre Interessen in die zukünftige Regulierung einzubringen suchten, werde sich jeder mit den wie auch immer gearteten Resultaten auseinandersetzen müssen. Er betont die große Verantwortung, die auf dem Gesetzgeber lastet. Zu vermeiden sei, dass die letztendliche Umsetzung der PSD2 zu mehr Unklarheit und Unsicherheit führe, als sie eigentlich beheben sollte. Zahlungsverkehr sei heute europäisch und seine Weiterentwicklung müsse europäisch angegangen werden. Standardisierung sei hierbei eines der wichtigsten Elemente. Dies gelte im Besonderen für die Legitimierungsverfahren des Kunden gegenüber Zahlungsdienstleistern.

In der folgenden Diskussion sind sich alle Beteiligten einig, dass mit SEPA 2.0 der vollständige europäische Binnenmarkt für Zahlungsdienste gemeint sei. Letztlich seien die Kunden hierfür der Treiber. Instant Payments sei ein Ausdruck genau dieser Erwartungshaltung. Thomas A. Woelk, Abteilungsleiter Finanzen der Friedhelm Loh Group, mahnt, sich nicht auf den SEPA-Raum zu beschränken. Globale Konzerne benötigen mehr als nur einen integrierten Euro-Zahlungsverkehr. Er spricht sich für eine möglichst weltweite Standardisierung aus. Bei Instant Payments sieht er gerade an der Schnittstelle zur Industrie noch sehr viele Fragen offen.

Auf globale Standardisierung angesprochen erklärt Christian Kothe, Head of Central & Eastern Europe bei SWIFT, dass die regionale Standardisierung ein ganz wichtiger Ideengeber für globale Initiativen sei. Bezüglich der Herausforderungen durch Instant Payments sehe er den Euroraum gut aufgestellt. Gerade bei der SEPA-Umsetzung, der TARGET2- und T2S-Implementierung habe sich gezeigt, dass der Schlüssel zum Erfolg die gute Zusammenarbeit aller Beteiligten war. Für die Einführung von Instant Payments könne man daraus lernen.

Carl-Ludwig Thiele, Mitglied im Vorstand der Deutschen Bundesbank, sieht in der Förderung der notwendigen Kooperation der Akteure im Zahlungsverkehr eine wichtige Aufgabe für die Bundesbank. Bei der SEPA-Einführung sei die Verständigung aller Parteien im SEPA-Rat ein entscheidender Gestaltungsfaktor gewesen. Daran solle das von der Bundesbank ins Leben gerufene Forum für Zahlungsverkehr anknüpfen. Dort würden über Instant Payments hinaus alle Aspekte der Digitalisierung im Zahlungsverkehr erörtert.

Im letzten Teil der Diskussionsrunde wird vor allem von André Bajorat, Geschäftsführer der figo GmbH, noch einmal hervorgehoben, dass die Forderung nach Instant Payments aus der Onlinewelt komme. Banken sollten sich mit zunehmender Digitalisierung stärker als IT-Unternehmen begreifen. Am Ende waren sich alle Beteiligten einig, dass der Wettbewerb um geeigneten IT-Nachwuchs in Zukunft nur noch härter würde. Dies bringe neue Herausforderungen für Management und Mitarbeiter mit sich. Man zeigte sich aber zuversichtlich, dass Banken in diesem neuen, stärker technologiegeprägten Umfeld in Zukunft weiter ihren Platz haben würden.

Zusammenfassung der Paneldiskussion:
„T2S – erste Erfahrungen des deutschen Marktes"

Video-Beitrag
auf YouTube.com

Teilnehmer:
Jochen Metzger, Zentralbereichsleiter, Deutsche Bundesbank, interviewt:

– Mathias Papenfuß, Chief Operating Officer, Clearstream Holding AG
– Roland Kipper, Principal Project Manager, Group Markets Operations, Commerzbank AG
– Stephen Lomas, Managing Director, Head of Market Policy Global Transaction Banking, Deutsche Bank AG

In seiner Einführung hebt Jochen Metzger, Leiter des Zentralbereichs Zahlungsverkehr und Wertpapierabwicklung der Deutschen Bundesbank, hervor, dass es sich bei TARGET2-Securities (T2S) ebenso wie bei Opel um ein starkes innovatives Markenprodukt handele. Interessant sei nun zu erfahren, wie die ersten Erfahrungen des deutschen Marktes nach der erfolgreichen T2S-Migration Anfang Februar 2017 ausfallen. Roland Kipper, Principal Project Manager im Bereich Group Markets Operations der Commerzbank AG, äußert sich in der Rückschau sehr lobend über die gute, transparente und vertrauensvolle Kooperation aller Beteiligten im deutschen Markt, die den Weg für eine solche reibungslose Migration geebnet haben. Insbesondere gelte dieses Lob Clearstream mit den von ihnen bereits zu einem frühen Zeitpunkt aufgesetzten Arbeitsgruppen und der Bundesbank mit der von ihr betreuten T2S National User Group. Angesichts der Verdoppelung der Abwicklungsvolumina freue man sich natürlich, dass die Verarbeitung in T2S so stabil verlaufe, auch wenn naturgemäß in der Anfangsphase kleinere Probleme aufträten. Auch Stephen Lomas, Managing Director und Head of Market Policy Global Transaction Banking der Deutschen Bank AG, die ihrerseits bereits von Anfang an seit August 2015 an T2S teilnimmt und damit eine breite Erfahrung in

T2S vorweisen kann, bekräftigt diese Einschätzung. Die deutsche Migration sei wesentlich besser vorbereitet und durchgeführt worden als in anderen Märkten. Schlüsselfaktor dafür sei das frühzeitige und vorbildliche Zusammenspiel aller relevanten Beteiligten gewesen. Mathias Papenfuß, Chief Operating Officer der Clearstream Holding AG, ergänzt, dass es im Vorfeld der Migration des deutschen Marktes noch einige Stolpersteine aus dem Weg zu räumen galt, um die notwendige Performanz zur Abwicklung der deutschen Volumina sicherzustellen. Im Ergebnis sei auch er sehr zufrieden mit dem weitestgehend störungsfreien Betrieb in T2S. Die reibungslose Migration verdeutliche auch die Stärke der Zusammenarbeit zwischen den einzelnen Infrastrukturbetreibern und den Marktteilnehmern. Mit Blick auf das Gesamtergebnis seien die angesprochenen kleineren Probleme nach der Migration relativ vernachlässigbar. T2S veränderte die Geschäftsprozesse grundlegend, sodass sich mit Blick auf die Prozessoptimierung alle Beteiligten noch besser einstellen müssten.

Bei der Publikumsfrage zur Vorteilhaftigkeit von T2S stufen rund die Hälfte der Befragten T2S als vorteilhaft für den deutschen Markt ein, 30 Prozent sehen die Vorteile eher bei den großen Playern und 15 Prozent vertreten die Auffassung, der deutsche Markt wäre auch ohne T2S ausgekommen. Aus Sicht der Diskussionsteilnehmer sei diese Einschätzung wenig verwunderlich. So sei gemäß Kipper der überwiegende Teil der Kunden bis jetzt noch nicht direkt mit T2S in Berührung gekommen. Soweit noch nicht geschehen, gehe es daher jetzt vornehmlich darum, den Zusatznutzen für die Kunden herauszuarbeiten. Papenfuß hebt das gegenwärtig frühe Stadium hervor, da aktuell noch nicht alle Märkte auf T2S übergegangen seien und auch das grenzüberschreitende Geschäft bislang wenig ausgeprägt sei. Zudem habe die Migration viele Ressourcen gebunden, die jetzt frei würden. Grundsätzlich sei bei der Frage der Vorteilhaftigkeit der deutsche Markt als Teil Europas anzusehen und die Zielrichtung von T2S, die europäischen Märkte besser zu vernetzen und grenzüberschreitendes Geschäft stärker zu vereinfachen, zu berücksichtigen. Es liege jetzt an den Akteuren, ihre gegenwärtige Aufstellung zu analysieren und mit Blick auf die sich mit T2S ergebenden Möglichkeiten neu zu bewerten. Clearstream werde beispielsweise einen zentralen Marktzugang zu allen europäischen Märkten für die Wertpapierabwicklung anbieten und so seinen Kunden eine stärkere Bündelung ermöglichen. Damit wird es prinzipiell auf Bankenseite nicht mehr notwendig sein, jeden Markt eigenständig zu erschließen. Auch die Deutsche Bank werde nach Aussage von Lomas in diversen Märkten Dienstleistungen anbieten und dort als Alternativanbieter fungieren. Er rechne damit, dass es am Ende fünf bis zehn Player geben werde, über die der gesamte europäische Markt erreicht werden kann. Auch er bekräftigt, dass es nun an den Banken liege, sich entsprechend auszurichten. Bemerkenswert sei in diesem Zusammenhang, wie wenig Bereitschaft zur frühzeitigen Entscheidungsfindung in großen Teilen der Finanzindustrie bestanden habe, da sich die meisten Player mehr oder weniger seit 2011 in Wartestellung befinden. Dies könne aber auch darauf zurückzuführen sein, dass eine Vielzahl anderer Veränderungen in diesem Zeitraum zwingend auf die Banken zugekommen sei und folglich die Frage der strategischen

T2S-Ausrichtung aufgeschoben werden musste. Besondere Bedeutung sei aus seiner Sicht den Arbeiten auf Ebene der T2S-Gremien zugekommen, wobei insbesondere die erreichte Harmonisierung und Standardisierung über alle europäischen Märkte hinweg erhebliche Vorteile für alle Marktteilnehmer in allen europäischen Märkten habe. Diese Vorteile aus der europäische Standardisierung könnten möglicherweise auch bei kleinen Banken ein Umdenken bewirken, so Jochen Metzger.

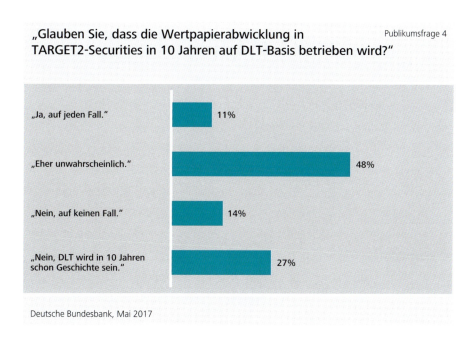

Deutsche Bundesbank, Mai 2017

Aktuell wird viel über den Einsatz der Distributed Ledger-/Blockchain-Technologie in verschiedenen Bereichen des Finanzsektors diskutiert. Der überwiegende Teil der Symposiumsteilnehmer zeigte sich allerdings im konkreten Fall recht skeptisch, dass T2S in zehn Jahren auf Distributed Ledger-Technologie betrieben werden könne. Fast 30 Prozent glauben sogar, dass DLT dann schon Geschichte sein könnte.

Papenfuß ist von diesem Ergebnis wenig überrascht, zumal konkrete Anwendungsbeispiele für die Wertpapierabwicklung weniger ausgeprägt seien als in anderen Bereichen. Insofern kann er sich aktuell nicht vorstellen, dass T2S künftig vollständig auf DLT-Basis betrieben werde, sondern sieht eine Anwendung eher in Teilbereichen auf modularer Basis. Zum einen sei die DLT-Technik weniger skalierbar mit Blick auf das Massengeschäft der Wertpapierabwicklung und zum anderen müsse die Umstellung der IT-Systeme bei allen Marktteilnehmern synchron ausgestaltet sein, um den zugrundeliegenden Business Case abzusichern. Nach Auffassung von Lomas seien noch viele grundsätzliche Fragen mit Bezug auf DLT zu klären, die im Hinblick auf den Zeithorizont von zehn Jahren seines Erachtens nach aber gelöst werden können. Seiner Meinung nach wird und muss DLT kommen, insbesondere um eine Vielzahl seit langem bestehender Probleme zu lösen, die Kosten drastisch zu senken, Risiken zu minimieren und auch die regulatorische Berichterstattung zu erleichtern. Zudem sei DLT die einzig glaubwürdige Lösung zur Verkürzung der Abwicklungsfristen in Richtung t+0. Auch Kipper sieht t+0 kommen, wenn auch nicht mit DLT. Die aktuell zu beobachtende Tendenz, zwar DLT implementieren zu wollen, aber gleichzeitig nichts an den zugrundeliegenden Prozessen ändern zu wollen, hält er im Ergebnis für wenig zielführend. Wenn, dann müssten sich auch die Geschäftsprozesse vollständig ändern, was aber am Ende auch die Rolle verschiedenster Intermediäre grundsätzlich in Frage stelle. Insofern gehe es jetzt darum, die Zukunft aktiv zu gestalten und DLT in Bereichen einzusetzen, wo dies Mehrwert generiere. Er denkt nicht, dass DLT in zehn Jahren Geschichte sein werde, sieht aber das Wertpapiersettlement aufgrund der vergleichsweise hohen Komplexität nicht als ersten Bereich, in dem diese Technologie eingeführt werden wird. Wichtig sei, dieses Thema sowohl unter regulatorischen als auch technischen Gesichtspunkten zu beleuchten, dabei aber die gegenwärtige Sicherheit nicht aufzugeben. Wie bereits im T2S-Umfeld erfolgreich praktiziert, sollte auch hier auf die erfolgreiche Zusammenarbeit der verschiedenen Akteure gesetzt werden, um damit die Zukunft auf europäischer Ebene zu gestalten.

■ Zusammenfassung der Paneldiskussion:
  „Wie sieht die europäische Abwicklungsinfrastruktur in 10 Jahren aus?"

Video-Beitrag
auf YouTube.com

Teilnehmer:
Jochen Metzger, Zentralbereichsleiter, Deutsche Bundesbank, interviewt:

- Marc Bayle, Director General, Europäische Zentralbank
- Mathias Papenfuß, Chief Operating Officer, Clearstream Holding AG
- Cornelia Raif, Head of Relationship Management Banks & Brokers Germany and Austria, BNP Paribas Securities Services
- Thomas Zeeb, Division CEO Securities Services, SIX Group

Unter dem Aspekt einer effizienten und kompetitiven Post-Trade-Infrastruktur für den integrierten europäischen Kapitalmarkt sind Diskussionen über die künftige Struktur und Organisation des Nachhandelsbereichs ein Dauerbrenner. Dabei spielen neben TARGET2-Securities (T2S) auch die fortschreitende technische Weiterentwicklung sowie die Vielzahl der regulatorischen Maßnahmen eine zentrale Rolle. Nachdem die T2S-Migration nahezu abgeschlossen ist, wagt Jochen Metzger, Leiter des Zentralbereichs Zahlungsverkehr und Wertpapierabwicklung der Deutschen Bundesbank, mit seinen Diskussionsteilnehmern aus verschiedenen Teilen der Wertschöpfungskette einen Blick in die Zukunft. Hinsichtlich der langen Vorlaufzeiten großer Infrastrukturprojekte, wie in der Vergangenheit am Beispiel T2S ersichtlich, wurde dabei der Zeithorizont von zehn Jahren bewusst gewählt.

Nach Einschätzung der Symposiumsteilnehmer ist es aktuell vornehmlich die Regulierung, die die Entwicklungen in diesem Bereich antreibt, und nicht so sehr die neuen Technologien. Dazu merkt Thomas Zeeb, Division CEO Securities Services der SIX Group, an, dass die Regulierung zwar eine zentrale Rolle spiele, man aber gleichwohl differenzierter herangehen müsse. T2S habe sicherlich einen großen

Beitrag zur Kommoditisierung im Bereich Settlement und Safekeeping geleistet, der Kostendruck bestehe aber weiter und werde einen erheblichen Einfluss auf die anderen Teile der Wertschöpfungskette haben. Große Herausforderungen bestünden künftig nicht in der Regulierung per se, sondern eher in der fragmentierten Umsetzung der Regulierung sowie dem Umgang der Regulierenden mit neuen Technologien. Für ihn stehen allerdings Sicherheitsaspekte eindeutig an erster Stelle, das heißt Themen im Bereich Cyber Security und Haftungsfragen in der gesamten Wertschöpfungskette, die derzeit noch nicht so weit ausgereift seien. Für Cornelia Raif, Head of Relationship Management Banks & Brokers Germany and Austria bei BNP Paribas Securities Services, sind dagegen Kosten, Komplexität und Risiken die drei wesentlichen Punkte. Auf Kundenseite sei insbesondere wichtig, wo die Assets verwahrt werden, wie diese gesichert seien und wie man den regulatorischen Anforderungen nachkommen könne. Als Custodian müsse man sein Geschäftsmodell validieren und prüfen, wie man sich sinnvollerweise in Zukunft aufstelle, insbesondere wo man stärker fokussiere, um letztlich dem angesprochenen Kostendruck entgegenzuwirken. Dabei gehe es nicht um Rückzug, sondern vielmehr um die Entwicklung neuer Modelle und Produkte zur Generierung zusätzlichen Wachstums. Für Mathias Papenfuß, Chief Operating Officer der Clearstream Holding AG, wäre eine mögliche Antwort auf die Publikumsfrage auch die Auswahl aller vier treibenden Kräfte zusammengenommen gewesen. Es gehe am Ende darum, sich in einem neu definierten europäischen Marktumfeld zu positionieren, in dem man auch künftig agieren werde. Es gebe unterschiedliche Initiativen, zum Beispiel T2S und die Central Securities Depositories Regulation (CSDR). Die CSDR biete allerdings auch Chancen für CSDs, in verschiedenen Märkten tätig zu werden, wo es bislang wenig Wettbewerb gegeben habe. Auch ein Zusammenspiel mit den Custodians funktioniere in diesem Umfeld. Für Marc Bayle, Director General bei der Europäischen Zentralbank (EZB), spielen Effizienz, Innovation und Sicherheit eine sehr wichtige Rolle im Nachhandelsbereich. Dabei habe T2S einen sehr starken Impuls für die weitere Integration des europäischen Finanzmarkts gegeben. Zusammen mit der CSDR sei das Fundament für die Arbeiten des Eurosystems im Bereich Posttradeharmonisierung gelegt. Auch müsse man neue Technologien wie Blockchain, die durchaus disruptives Potential hätten, untersuchen, was das Eurosystem gegenwärtig auch tue.

Mit Blick auf die konkrete Ausgestaltung des Nachhandelsbereichs erwartet Zeeb eher eine weitere Konsolidierung auf Prozessebene als auf Ebene der juristischen Einheiten. Dieses Verschmelzen der Prozesse werde einiges an Veränderungen in den Geschäftsmodellen mit sich bringen. Es könne davon ausgegangen werden, dass auch in zehn Jahren noch nicht kommoditisierte Aktivitäten außerhalb des Settlementbereichs fortbestünden, sodass White-Label-Outsourcing-Solutions vorstellbar und auch zukunftsträchtig seien. Dazu kämen Modelle mit mandantenfähigen Plattformen, um Skaleneffekte zu realisieren. Unabhängig davon seien alle Akteure seit Langem bestrebt, die grundsätzliche Abhängigkeit von Skaleneffekten zu brechen, da Wachstum letztlich begrenzt sei. Neben Blockchain sehe er hier

Artificial Intelligence und Robotics als Möglichkeit, dieses Ziel zu erreichen. Dazu bemerkt Prof. Dr. Hans Ulrich Buhl vom Fraunhofer Institut, dass seiner Einschätzung nach die Blockchain keine spezifischen Vorteile hinsichtlich der Skalierbarkeit habe. Ferner seien bis dato die angekündigten bahnbrechenden Verbesserungen durch Artificial Intelligence nicht eingetreten. Nach Ansicht von Raif werde es künftig maßgeblich auf die Flexibilität und Agilität der Unternehmen ankommen, um die Abhängigkeit von Skaleneffekten zu begrenzen. Dabei gehe es ihres Erachtens nicht vornehmlich darum, bestehende Prozesse vollständig abzulösen, sondern vielmehr diese Agilität in Teilbereichen über neue Partnerschaften herzustellen, die ein Schlüssel zum künftigen Erfolg sei. Papenfuß geht im Ergebnis nicht davon aus, dass man in zehn Jahren ein vollständig revolutioniertes Prozessbild haben werde. Dazu seien die Verhaftung in den etablierten Prozessen und die Komplexität zu groß. Gleichwohl sieht er Möglichkeiten einer stärkeren Automatisierung in einigen Modulen. Agilität sei zudem nicht nur im „privaten Sektor", sondern auch im Bereich der Regulierung und gesetzlichen Rahmenbedingungen von besonderer Bedeutung, was allerdings erfahrungsgemäß einen langen Zeitraum in Anspruch nehme.

Auf die Frage der konkreten Ausgestaltung der Wertschöpfungskette in zehn Jahren sehen die meisten Symposiumsteilnehmer weniger CSDs und im Ergebnis weitere neue Märkte bei T2S. Darauf bezugnehmend stellt Bayle deutlich heraus, dass ein Blick in die Zukunft immer schwierig, aber ein Beibehalten des Status quo keine Option für das Eurosystem sei. Zentral für das Eurosystem sei, sichere und effiziente Infrastrukturen anzubieten, die zudem State of the Art sind. Aktuell wickele T2S bereits rund 90 Prozent des zu erwartenden Gesamtvolumens an Wertpapiergeschäften ab. In 2018 komme mit der Dänischen Krone die erste Fremdwährung zur Abwicklung in T2S und später möglicherweise weitere Währungen hinzu. Auch habe das Eurosystem mit der T2/T2S-Konsolidierung, mit TARGET Instant Payment Settlement (TIPS) und mit dem Eurosystem Collateral Management System (ECMS) drei weitere Projekte in der Pipeline. Entscheidend sei

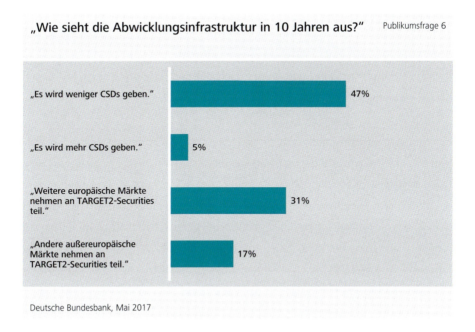

dabei, Dienstleistungen anzubieten, die den Bedürfnissen des integrierten europäischen Binnenmarktes entsprächen. Insofern sei auch die enge Abstimmung mit dem Markt von großer Bedeutung. Diesen Austausch werde man – wie bereits in der Vergangenheit im T2S-Umfeld erfolgreich praktiziert – künftig über die beiden neu etablierten Advisory Groups on Market Infrastructures for Payments (AMI-Pay) und Securities and Collateral (AMI-SeCo) fortsetzen. Im Widerspruch zum Votum der Symposiumsteilnehmer sieht Papenfuß ähnlich wie Zeeb eine Konsolidierung in Form einer größeren Kooperation auf Prozessebene, wobei die rechtlichen Einheiten nicht automatisch verschwinden. Zwar habe man im Kontext der CSDR den ersten Zusammenschluss auf CSD-Ebene im Baltikum beobachten können, jedoch sei er skeptisch, inwieweit dies in anderen Märkten Europas replizierbar sein könne. Zudem müsse man berücksichtigen, was sich im Zuge des Brexit ergebe, sowie den Ausgang der Bemühungen der Europäischen Kommission im Rahmen der Kapitalmarktunion abwarten. Insofern seien zehn Jahre eine eher kurze Zeitspanne. Unter dem Aspekt des Anschlusses neuer Märkte an T2S erwartet Zeeb zudem, dass dort nicht zwangsweise neue CSDs aufgebaut würden, sondern eher von anderen bereits existenten Providern ingesourct werden könne. Ein Trend dazu sei derzeit bereits erkennbar.

In ihren Abschlussstatements stellen die Diskussionsteilnehmer nochmals ihre zentralen Punkte heraus. Auf die Frage an Raif als Vertreterin eines französischen Instituts, inwieweit man die Hoffnung hege, dass Unterschiede zwischen dem deutschen und französischen Markt nahezu verschwinden könnten, stellt sie klar heraus, dass sich sicherlich nicht alles im Wertpapiergeschäft einfach von heute auf morgen harmonisieren lasse. Sicher sei dagegen, dass Veränderung die einzige Konstante in diesem Prozess sei. Ferner sei ihres Erachtens auch eine funktionale Konsolidierung bei den CSDs vorstellbar. Auch wenn dies nach Ansicht von Papenfuß recht weit gehe, bewege man sich in besagtem Zeithorizont schrittweise über Outsourcing-Arrangements in diese Richtung. Zuerst gehe es aber für alle Beteiligten darum, sich im europäischen Markt einzufinden und sich dann auch dort auszurichten. Auch sehe er künftig wenige Player, die das gesamte Spektrum abdecken werden, wie auch immer das im konkreten Fall ausgestaltet sein werde. Zeeb sieht auch den Schweizer CSD aufgrund seiner Bedeutung eindeutig als Teil des europäischen Marktes. Immerhin ist SIX SIS AG der erste größere CSD ge-wesen, der bei T2S mit vollem Funktionsumfang live gegangen ist. Wichtig sei auf regulatorischer Ebene Lösungen zu finden, die schnell und konsistent umgesetzt werden können, damit alle Teilnehmer sich entsprechend anpassen könnten. Abschließend bekräftigt auch Bayle, dass das Festhalten am Status quo keine Option für das Eurosystem sei. Aktuell untersuche man beispielsweise, inwieweit man einen Emissionsservice für EZB- und supranationale Wertpapiere effizient mit T2S verzahnen könne.

Zusammenfassungen der Diskussionen
Zahlungsverkehrssymposium 2017

Programm
Donnerstag, 18. Mai 2017

08:30 – 09:00 Anmeldung der Teilnehmer, Kaffee zum Empfang

09:00 – 09:20 **Eröffnung**
Dr. Jens Weidmann
(Präsident der Deutschen Bundesbank, Mitglied des EZB-Rats)

09:20 – 09:30 **Begrüßung**
Philipp Otto
(Zeitschrift für das gesamte Kreditwesen)

09:30 – 09:50 **Zahlungsverkehr und Wertpapierabwicklung – Herausforderungen aus Sicht der Bundesbank**
Carl-Ludwig Thiele
(Mitglied des Vorstands, Deutsche Bundesbank)

09:50 – 10:10 **Vision 2020 des Eurosystems – Weiterentwicklung der Eurosystem-Marktinfrastrukturen**
Yves Mersch
(Mitglied des Direktoriums, Europäische Zentralbank)

Thema 1: Zahlungsverkehr der Zukunft

10:10 – 10:35 **Mobiles Bezahlen in Deutschland – Zukunft oder Illusion?**
Dr. Andreas Martin (Mitglied des Vorstands, Bundesverband der Deutschen Volksbanken und Raiffeisenbanken)

Programm
Zahlungsverkehrssymposium 2017

10:35 – 11:00 Kaffeepause

11:00 – 11:25 **Digital(er) werden – bewährtes Geschäftsmodell erhalten!**
Dr. Joachim Schmalzl
(Geschäftsführendes Vorstandsmitglied,
Deutscher Sparkassen- und Giroverband)

11:25 – 11:50 **Cyber-Kriminalität – der digitale Teufel als Killer für Innovation im Zahlungsverkehr?**
Gottfried Leibbrandt
(Chief Executive Officer, SWIFT)

11:50 – 12:45 **SEPA 2.0 – Wie schaffen wir den Binnenmarkt für digitales Bezahlen in Europa?**
Impulsvortrag zur Einführung von **Andreas Krautscheid**
(Mitglied der Hauptgeschäftsführung, Bundesverband deutscher Banken)

Philipp Otto (Zeitschrift für das gesamte Kreditwesen) interviewt:

- **André Bajorat** (Geschäftsführer, figo GmbH)
- **Christian Kothe** (Head of Central & Eastern Europe, SWIFT)
- **Andreas Krautscheid** (Mitglied der Hauptgeschäftsführung, Bundesverband deutscher Banken)
- **Carl-Ludwig Thiele** (Mitglied des Vorstands, Deutsche Bundesbank)
- **Thomas A. Woelk** (Abteilungsleiter Finanzen, Friedhelm Loh Group)

Programm
Zahlungsverkehrssymposium 2017

12:45 – 14:15 Mittagspause – Buffet

Sondervortrag

14:15 – 14:40 **Umparken im Kopf – Wie man die unsichtbare Mauer in den Köpfen einer Nation einreißt**
Tina Müller
(Chief Marketing Officer and Member of the Board, Opel Group GmbH)

Thema 2: TARGET2-Securities (T2S) – Der deutsche Markt ist dabei

14:40 – 15:10 **T2S – erste Erfahrungen des deutschen Marktes**
Jochen Metzger
(Zentralbereichsleiter, Deutsche Bundesbank) interviewt:

- **Roland Kipper** (Bereichsleiter Transaction Services, Commerzbank AG)
- **Stephen Lomas** (Managing Director, Head of Market Policy Global Transaction Banking, Deutsche Bank AG)
- **Mathias Papenfuß** (Chief Operating Officer, Clearstream Holding AG)

15:10 – 15:30 Kaffeepause

15:30 – 15:50 **Blockchain-Technologie als Schlüssel für die Zukunft?**
Prof. Dr. Hans Ulrich Buhl
(Wiss. Leiter der Projektgruppe Wirtschaftsinformatik des Fraunhofer-Instituts für angewandte Informationstechnik FIT)

15:50 – 16:30	**Wie sieht die europäische Abwicklungsinfrastruktur in 10 Jahren aus?** **Jochen Metzger** (Zentralbereichsleiter, Deutsche Bundesbank) interviewt: – **Marc Bayle** (Director General, Europäische Zentralbank) – **Mathias Papenfuß** (Chief Operating Officer, Clearstream Holding AG) – **Cornelia Raif** (Head of Relationship Management Banks & Brokers Germany / Austria, BNP Paribas Securities Services) – **Thomas Zeeb** (Division CEO Securities Services, SIX Group)
16:30	**Schlusswort** **Carl-Ludwig Thiele** (Mitglied des Vorstands, Deutsche Bundesbank)
Anschließend	**Empfang**

Impressum

Zahlungsverkehrssymposium 2017

Impressum

Deutsche Bundesbank
Zentralbereich Zahlungsverkehr und Abwicklungssysteme

Wilhelm-Epstein-Straße 14
60431 Frankfurt am Main
Telefon: 069 9566-3512
E-Mail: info@bundesbank.de

Nachdruck nur mit Genehmigung.
Stand: Oktober 2017

Bildnachweise Titelseite: Corbis Images, Getty Images und Nils Thies

Layout und Konzeption: Deutsche Bundesbank
Satz: Martin Fromm

Druck: Bonifatius GmbH Druck-Buch-Verlag, Paderborn

Der besseren Lesbarkeit halber verwenden wir bei der Nennung
von Personengruppen meist die kürzere Form
(z.B. „Mitarbeiter" statt „Mitarbeiterinnen und Mitarbeiter").
In der Regel sind damit Frauen und Männer gleichermaßen gemeint.

978-3-95729-203-2 (Print)
978-3-95729-204-9 (Online)